Dorit Rode
BREAKING. POPPING. LOCKING

Dorit Rode

# Breaking. Popping. Locking.
## Tänze der HipHop-Kultur

Dritte, vollständig überarbeitete und erweiterte Neuauflage

Tectum

Dorit Rode
Breaking. Popping. Locking.
Tänze der HipHop-Kultur
Dritte, vollständig überarbeitete und erweiterte Neuauflage

Satz & Gestaltung: Eva Mayer
Druck & Bindung: CPI buchbuecher.de, Birkach
Printed in Germany
Alle Rechte vorbehalten
ISBN 978-3-8288-3707-2

© Tectum Verlag Marburg 2016

Bibliografische Informationen der Deutschen Nationalbibliothek
Die Deutsche Nationalbibliothek verzeichnet diese Publikation
in der Deutschen Nationalbibliografie; detaillierte bibliografische
Angaben sind im Internet über http://dnb.ddb.de abrufbar.

# Inhalt

| | |
|---|---|
| Credits | 5 |
| Warm up | 7 |
| Line-up | 16 |

## /// Part One

| | |
|---|---|
| DJing | 19 |
| Rap/MCing | 32 |
| Attitudes | 49 |
| Graffiti/Writing | 63 |

## /// Part Two

| | |
|---|---|
| Breaking/B-Boying | 97 |
| Respekt | 116 |
| Tanz vs. Akrobatik? | 130 |
| Westcoast Styles | 136 |
| Kommunikation | 152 |
| Battles | 168 |
| Urban Dance | 183 |
| Cool down | 196 |
| | |
| Bildnachweise | 203 |
| Literaturverzeichnis | 204 |

artwork: MOOHEE

# Credits

Zuerst danke ich meinen Interviewpartnerinnen und -partnern für ihr Vertrauen, ihre Sache in diesem Buch repräsentiert zu bekommen! Vielen Dank auch an Bubble Zoo für zwei getanzte Interviewsessions!

Ganz besonders danke ich Eva Mayer und Stephen S. Bailey für ihre Zeit, die sie in die Begleitung dieser überarbeiteten Fassung investiert haben! 1000 Dank für Eure Kommentare und Anregungen!

Für die Fotos danke ich Thorsten Dirr – den anderen Fotografen für die Überlassung der Bilder! Big Respect an Eva Mayer für das Gesamt-Layout! Ebenso möchte ich mich bei dem Team vom Tectum-Verlag für die freundliche und immer unkomplizierte Unterstützung bedanken! Ein besonderer Dank geht noch an Susanne Kaeppele und Gerrit Lungershausen für formale Korrekturen.

Ich danke weiterhin Lui Fasini, Christian Finkbeiner, Vunky Lao, Pamela Pachl, Jörg Teichert und außerdem allen Tänzerinnen und Tänzern, die der Veröffentlichung ihrer Bilder zugestimmt haben. Juarez Bomfim herzlichen Dank für das ausführliche Gespräch über Capoeira!

Finally a big shout out to Carol Cadle-Usher who has been a close friend and a fantastic host during my time in L. A. since the early 1990ies!

One Love. Always in my heart!

# Warm up

Jugendliche aus der New Yorker South Bronx machten Ende der 1970er Jahre mit ihren künstlerischen Ausdrucksformen auf sich aufmerksam. Grenzen sprengende Darstellungsformate wie *Graffiti* und vor allem der akrobatische »Breakdance« machten HipHop als ›Sensation‹ zu Beginn der 1980er Jahre weltweit bekannt.

Wenn es heute um die HipHop-Kultur oder ihre klassischen Tänze *Breaking*, *Popping* und *Locking* geht, wird häufig die Ursprungsgeschichte aus den späten 1970er und frühen 1980er Jahren wiedergegeben. In »Breaking, Popping. Locking.« liegt der Schwerpunkt auf der Entwicklung der Tänze in den 1990er Jahren hin zur Verkörperung komplexer Beats und um die internationale Etablierung der Kultur.[1] Die 1990er Jahre waren für HipHop inhaltlich die Zeit politischer Statements, und auch hier wird auf politische und soziale Hintergründe verwiesen, die bis heute relevant sind, wenn man die Kultur und ihre Tänze verstehen möchte. So begleitet dieses Buch HipHop und die Tanzformen durch

---

[1] Es liegt auf der Hand, dass ich mich in einem Buch dem Thema ›Tanz‹ nur in Punkten annähern kann, die sprachlich gut dargestellt werden können. Detaillierte Videos von Moves sind zum Beispiel auf »youtube« auffindbar. Weiterführende Fragen zu den Tanzformen beantworten die Pioniere aus den USA selbst im Internet. Mit ihren Workshops sind sie außerdem international präsent.

die 1990er, betrachtet die Entwicklung aber auch vom heutigen Stand aus: Was wussten wir über die Kultur in den USA, als wir sie für uns in Deutschland adaptierten? Und was war uns in dieser Phase wichtig? Wie ist dies aus heutiger Sicht einzuordnen? Die Basis dafür ist mein eigenes Hintergrundwissen als Tänzerin, das sich mit den Jahren der Aktivität, Recherche und Auseinandersetzung mit HipHop erweiterte. Das Buch lebt von den Beiträgen meiner Interviewpartner. Sie sind bis auf wenige Ausnahmen Tänzer, die HipHop in Deutschland oder in den USA aufgegriffen haben: Die Originals[2] haben den Ball gespielt – hier kommen diejenigen zu Wort, die diesen Ball aufgefangen und ihn in ihrem Umfeld weiter- und teilweise auch zurückgespielt haben.

Die End-1980er und die erste Hälfte der 1990er Jahre werden auch als »The Golden Age of HipHop« bezeichnet. In dieser Phase erreichten Musikproduktion, *Rap* und Tanz ein so hohes Niveau, dass die Mitte der 1980er Jahre bereits totgesagte ›Sensation‹ auf einer neuen Entwicklungsstufe die zweite große Erfolgswelle erlebte. Der HipHop-Lifestyle fasste dadurch international Fuß: Bis heute finden Jugendliche in den Elementen *DJing*, *Rap/MCing*, *Graffiti/Writing* und in den Tänzen konkrete Betätigungsfelder, die zwar sehr arbeitsintensiv sind, wenn man sie gut beherrschen will, gleichzeitig aber auch so viel Spaß bringen, dass man sich ihnen freiwillig und gerne rund um die Uhr widmet. Ebenso gibt es einen Verhaltens- und Ehrenkodex, der zu einem verträglichen Miteinander bei gleichzeitiger Entfaltung der eigenen Persönlichkeit aufruft. HipHop war aufgrund seiner politischen Ausrichtung auch gesellschaftliches Thema in den 1990er Jahren. Nicht nur Musikzeitschriften wie »Spex« oder »Rolling Stone«, auch Nachrichtenmagazine wie »Der Spiegel« brachten Interviews mit großen Sprechern der Kultur. Gleichzeitig etablierten sich die Tanzformen, regionaltypische Facetten wurden erkennbar, und aus der Mischung von Breaking-, Popping- und Locking-Moves entstand ein neuer Tanz, schlicht *Hip Hop*[3] genannt. ›Knowledge‹ war ein Gradmesser, wie tief man in die Ge-

---

2 Als »Originals« gelten die Pioniere der jeweiligen Tanzformen und auch Tänzer, die dazu beitrugen, sie auszugestalten und zu bewahren. Für diese Leute existiert auch die Bezeichnung OG, was in diesem Fall für »Original Generation« steht.

3 In diesem Buch gibt es unterschiedliche Schreibweisen für ›HipHop‹: Der allgemeine Kulturbegriff ist hier mit zwei Großbuchstaben zusammengeschrieben. Wenn die Tanzform gemeint

meinschaft integriert war. Auch wenn Tänzer bereits seit den 1980er Jahren in regem (Video-)Austausch standen, gab es auch noch in den 1990ern einen solchen Hype um Informationen, dass HipHop zu dieser Zeit Züge eines ›Geheimbundes‹ aufwies, bei dem es viel um Insider- und geheimgehaltenes Wissen ging. Mittlerweile steht man eher vor dem gegenteiligen Problem, nämlich Relevantes aus der Informationsflut herauszufiltern. Meine Interviewpartner, die schon 1997 an der ersten Version dieses Buchs mitgewirkt haben, könnten sich, wie der Popping-Tänzer *Thomas Herodt*, heute wahrscheinlich differenzierter äußern, was ihr konkretes Wissen über die Tanzformen angeht:

> *Thomas:* I remember when I was answering your questions last time. When you asked me ›What ist Popping?‹ I explained it like I was talking to a person who would look at it for the first time. (2012)

Gleichzeitig vermute ich, dass sich die persönliche Haltung meiner ersten Interviewpartner nicht sehr geändert haben wird – wie die New Yorker Tänzerin und Musikerin *Rokafella* bestätigt:

> *Rokafella:* It is good to have something in a book that states 15 years ago where my mind was at – and to know that I actually stuck to it. (2011)

Alle Interviewbeiträge sind mit Jahreszahlen gekennzeichnet, damit ihr Informationsgehalt zeitlich eingeordnet werden kann.

### /// ME, MYSELF AND I.

Tanz muss nach wie vor in erster Linie im persönlichen Kontakt weitergegeben werden. Und weil HipHop eine urbane Kultur ist, musste man in den 1990ern entweder in einer Großstadt wohnen, um teilzuhaben und die Tänze zu lernen, oder man musste hinreisen. Ich selbst komme aus einem kleinen Dorf aus Norddeutschland. Meine erste Begegnung mit HipHop war das Video »Hey You! The Rock Steady Crew«, das in den 1980er Jahren in der Sendung »Formel Eins« samstagsmittags lief. Von dort bis zur eigenen

---

ist, habe ich *Hip Hop* getrennt und kursiv geschrieben. In Zitaten wurde die Schreibweise der jeweiligen Schriftstücke übernommen.

Aktivität waren es dann noch ein paar Jahre, aber das war die Initialzündung zu einer Passion, die mich nie mehr losließ. Irgendwie wollte ich mich immer auf diese faszinierenden Figuren zubewegen. Konkret landete ich zunächst bei Caribbean-, Tap- und Jazz-Dance in einer Mannheimer Tanzschule. Nach einer ersten Stunde *Hip Hop* in Los Angeles nahm ich den Faden auf und trainierte mit meiner damaligen Tanzpartnerin die Moves, die wir dort gelernt hatten (nach heutigem Kenntnisstand würde ich sie als von *Rock Dance* geprägt bezeichnen), selbstständig weiter, bis wir im Jahr darauf wieder nach L. A. fahren konnten.

Für mich öffnete sich zu Beginn der 1990er Jahre mit *Hip Hop* die Tür zu einem weiten Feld, wo eigentlich jeder, der mitmachen wollte, willkommen war. Und ich hatte sogar die Chance, dieses neue Gebiet mitzugestalten. Viele meiner Freunde konnten nicht fassen, wie viel Zeit ich mit Training verbrachte. Ich selbst hatte nie das Gefühl, Zeit zu verlieren oder etwas aufzugeben, sondern etwas zu bekommen. Sehr schnell gab es Interessenten, die von mir in *Hip Hop* unterrichtet werden wollten, Leute in meinem Alter und auch Kinder. Zusammen mit meiner Tanzpartnerin bekamen wir als Duo *The Sisters* Gelegenheiten zu Auftritten und zur Zusammenarbeit mit Rappern/MCs aus unserer Gegend. Wir schafften es sogar bis in die Sendung »Freestyle« auf VIVA. Dort traf ich zum ersten Mal *Storm*. Später wurde ich eine der Tänzerinnen der Band *DePhazz*, mit der ich durch Europa touren konnte. Ich machte Tanz für einige Jahre zu meinem Hauptberuf und bis heute zu meinem Lebensinhalt. Und ziemlich bald wollte ich auch wissen: »Wer sind die Leute, denen ich so viel zu verdanken habe?«

Damals fuhr ich fast jedes Jahr nach L. A., und bis heute zieht es mich immer wieder dorthin. Von meinen Lehrern erfuhr ich über *Breaking*, *Popping*, *Locking* als Grundlagen für meinen Tanz und bekam Infos über die New Yorker HipHop-Kultur. 1997 verbrachte ich dann den Sommer in New York. Im Unterschied zu L. A. war dies ganz eindeutig die Stadt mit dem absoluten HipHop-Spirit. HipHop war überall Gesprächsthema, die Tänzer diskutierten über die Kultur, setzten sich intensiv mit den Tanzformen auseinander, arbeiteten Regeln heraus und führten die Tänze auch offiziell in Tanzstudios ein. Ich lernte *Rokafella*, *Kwikstep* – und über sie auch *Klown* – im »Broadway Dance Center«

kennen, wo bis heute Mitglieder oder Freunde ihrer Crew *Full Circle* unterrichten. Weil ich mich sehr für die Kultur interessierte und auch klar vor Augen hatte, dass ich meine Kenntnisse darüber aufschreiben und mit anderen teilen wollte, hatte ich in New York keine Probleme, Gleichgesinnte zu finden und über sie weitere Kontakte zu bekommen. So kam es zum Beispiel zu dem Interview mit dem Produzenten *Jazzy Jeff*.

Meine anderen Interviewpartner *Freeze La Roc*, *James* von den *Unique Wizzards* und *Thomas Herodt* von *Out of Control* – damals noch unter dem Namen *SPECIAL FX* aktiv – kannte ich aus der Mannheimer Szene. Den New Yorker Tänzer *Akanni Humphrey* traf ich über *Thomas*. Innerhalb der HipHop-Community waren sie anerkannte Größen und schon damals Vorbilder für andere Tänzer und nachfolgende Generationen. Ich stelle immer wieder fest, dass sich die maßgeblichen Tänzer, die mich menschlich und tänzerisch am meisten beeindrucken, weil sie nicht nur ihren Tanz, sondern auch die Kultur mit ihren Inhalten repräsentieren, fast alle untereinander kennen. Ihre Aussagen folgen stets demselben Tenor, und sie sind bis heute meine ersten und wichtigsten Informationsquellen.

/// ZEIT FÜR EIN UPDATE. Mit dem Internetboom erreichte das Detailwissen über HipHop Ausmaße, die für niemanden mehr in der Gesamtheit erfassbar sind. Es traten natürlich auch Fakten zutage, die mich in den späten 1990er Jahren trotz intensiver Recherche nicht erreicht hatten. Über die Tänze von der Westcoast, und da besonders über *Popping*, gibt es seitdem so viele Informationen, dass meine Ausführungen, die erstmals 1998 in meiner Magisterarbeit und 2002 als Buch erschienen, ergänzt und zum Teil auch revidiert werden mussten – und ich entschloss mich zu einer überarbeiteten Neufassung. Facebook machte es möglich, meine Interviewpartner, die schon vor 15 Jahren mitgewirkt hatten, wieder zu kontaktieren. Ich hatte großes Interesse daran, sie wieder zu treffen und zu sehen, wie ihr Weg verlaufen war. Eine der positivsten Begegnungen war mit *Rokafella* und dem »Last B-Boy Of New York City« *Kwikstep*: Beide sind nicht nur inzwischen verheiratet, sondern auch noch sehr erfolgreich in der internationalen HipHop-Szene unterwegs. Die traurigste Begebenheit war, kurz vor Beginn der Arbeit an dieser zweiten Version, der Tod von *Freeze La Roc*. Sein Tanzpartner *James* lebt heute in der Türkei. Von *Klown* weiß ich, dass er weiterhin aktiv ist und 2011 mit der »Michael-Jackson-Memorial-Show« des »Cirque de Soleil« auf Tournee war. *Akanni* ist Musiker in Köln, *Thomas* ging zurück in seine ursprüngliche Heimat Dänemark. Er tanzt bis heute, und mit ihm führte ich ein Telefoninterview.

Für ein Update entschied ich mich nicht nur, Vertreter der mir nachfolgenden Generationen dazuzunehmen, sondern auch Interviewpartner, die *Graffiti/Writing* und *Rap/MCing* repräsentieren. Ich kenne *Gonzalo Maldonado Morales* und *Mike Arthur* seit den frühen 2000er Jahren als Writer. *Gonz* ist heute ein anerkannter Künstler und gilt als ein Original innerhalb der Writer-Szene. *Mike* ist einer seiner Schüler und er war außerdem lange Zeit als Breaker aktiv und dafür im Mannheimer Raum bekannt. Er betreibt einen eigenen Tattoo-Shop. Auf seine Empfehlung hin kam der Breaker *Tomek Bachanowicz* dazu, der innerhalb der Zeit, die ich an dieser neuen Fassung arbeitete, die Mannheimer Szene stetig international vernetzte und ein gefragter Organisator und Veranstalter von HipHop-Events ist. *Danny Fresh* interviewte ich als Rapper/MC, der sich an den Old School-Idealen orientiert und in dieser Tradition *Rap* in Workshops an Schulen unterrichtet. Ich fragte ebenfalls *Storm*, den ich als international anerkannte HipHop-Legende aus Germany bei einer Neufassung des Buchs nicht übergehen wollte. Auch er nahm sich Zeit für ein ausführliches Interview. Um das Bild noch etwas komplexer auszugestalten, möchte ich mit *Wilpower* von der *Air Force Crew*, den ich 2000 bei einem längeren L. A.-Aufenthalt kennenlernte, die Perspektive eines B-Boys von der Westküste einbringen und mit dem Mannheimer *George Groove* die Stimme eines Funkstylers in der Tradition der *Electric Boogaloos*. Diese Crew gilt heute als Begründer von *Popping*, was in den 1990er Jahren in Deutschland noch nicht offiziell bekannt war.

Derzeit etabliert sich der Begriff »Urban Dance« für ›auf der Straße‹ getanzte und vermittelte Tanzstile. Auch *Breaking*, *Popping*, *Locking* und *Hip Hop* werden dazugezählt. *Dance Dine*, die sich mit ihrem »Urban Dancestudio Dine« für die Vermittlung der Tänze in ihren Originalformen einsetzt, und der Gewinner zahlloser Tanz-Battles, *MrQuick*, repräsentieren hier die urbane Tanz-Szene Mannheims. Mit dem Tänzer, Choreografen und Besitzer des »GIO Dancestudio« *Gionni Battista* kommt ein Vertreter kommerzieller Ausrichtungen der HipHop-Tänze zu Wort. Last but not least sollten die traditionellen Förderstätten der HipHop-Kultur in Deutschland – die Jugendhäuser – nicht fehlen. Ich habe seit den 1990er Jahren eine Verbindung zum Mannheimer Jugendhaus Herzogenried, die Leiterin der Tanzgruppen *Ariane Reiter* lässt die dortige Entwicklung der Tanz-Kultur stellvertretend für die Mannheimer Jugendhäuser Revue passieren.

»Ich beschreibe in dieser Arbeit eine lebendige, in der Gegenwart existierende Kultur, die sich stetig weiterentwickelt« (Rode 2002: 7). So habe ich die erste Ausgabe dieses Buchs eingeleitet und darauf möchte ich auch an dieser Stelle wieder hinweisen. Bis heute lerne ich immer noch dazu. Innerhalb der Kultur finden Veränderungen statt und manches stellt sich dadurch im Rückblick anders dar. Da ich dieses Buch zum Teil ›live‹ in den 1990ern, aber auch aus heutiger Perspektive geschrieben habe, war es für mich eine Herausforderung, zum Teil gegensätzlichen Sichtweisen zu begegnen: So bemühte man sich in den 1990er Jahren, die Westcoast-Tänze *Locking* und *Popping* gleichberechtigt zu *Breaking* in die New Yorker HipHop-Kultur aufzunehmen und repräsentierte sie als feste Bestandteile. Der Titel »Breaking. Popping. Locking. Tänze der Hip-Hop-Kultur« verweist zum Beispiel auf diese Tendenz – und der Zusammenschluss funktioniert auch, was sich heute darin zeigt, dass sie auf HipHop-Old School-Veranstaltungen getanzt werden. Später erkannte man jedoch, dass genau diese Art der Integration – vielfach auch unbeabsichtigt – zu einer Vereinnahmung von *Locking* und *Popping* durch Vertreter der HipHop-Kultur geführt hatte. Heute verweist man deshalb mit großem Nachdruck auf die Ursprungsorte der Tänze. Des Weiteren wurde in den 1990ern regelrecht eingefordert, die Kultur inklusive kommerzieller Richtungen, also in sämtlichen Facetten, als Einheit zu repräsentieren. Die Entfernung zwischen kommerziellen Ausprägungen und den Tänzen in ihren original Freestyle-Versionen vergrößerte sich jedoch in vielen Fällen so weit, dass heute eine gemeinsame Repräsentation unter dem Label ›HipHop‹ von Tänzern der Originalformen abgelehnt wird. Der Begriff ›Represent!‹, der für die 1990er Jahre so prägend war, dass ich mein Abschlusskapitel damit überschrieb, ist mir bis zum Update nicht mehr begegnet.

*Thomas* sagte 1997 »People are different of course – but dance is always dance«. Diesen Ausspruch finde ich immer noch zutreffend: Nicht umsonst heißt es in der aktuellen Urban Dance-Szene »Divided by style – united by dance«. Viele der heute aktiven Tänzer sind sehr an der Tanz- und HipHop-History interessiert und kennen die 1990er Jahre nur aus stark zusammengefassten Berichten. Ich würde mich freuen, wenn mein Buch das ›Goldene Zeitalter des Hip-Hop‹ ein bisschen lebendig werden lässt. Vielleicht findet hier ja auch der eine oder andere Tänzer der frühen 1990er-Generation einen Teil seiner eigenen Geschichte wieder.

Dorit Rode
Mannheim 2016

# Line-up

## 1997

*Akanni* Humphrey (New York City/Köln)
Ana *Rokafella* Garcia | Full Circle (New York City)
*Freeze La Roc* & *James* Özaydin | Unique Wizzards (Mannheim/Ludwigshafen)
*Jazzy Jeff* – Producing (New York City)
Julio *Klown* Santiago (New York City)
*Thomas* Herodt (SPECIAL FX) | Out of Control (Heidelberg/Kopenhagen)

## 2000

Wilber *Wilpower* Urbina | Air Force Crew (Los Angeles)

# 2011/2012

Ana *Rokafella* Garcia | Full Circle (New York City)
*Danny Fresh* – Rap/MCing (Mannheim/Heidelberg)
Gabriel *Kwikstep* Dionisio | Full Circle (New York City)
Gonzalo *Gonz* Maldonado Morales – Graffiti/Writing (Mannheim/Heidelberg)
*Mike* Arthur | True Rokin Soul – Breaking und Graffiti/Writing (Mannheim)
Niels *Storm* Robitzky (Berlin)
*Thomas* Herodt | Out of Control (Kopenhagen)
*Tomek* Bachanowicz | True Rokin Soul (Mannheim)

# 2015

*Ariane Reiter* | Jugendhaus Herzogenried (Mannheim)
David *MrQuick* Kwiek (Mannheim)
Georgios *George Groove* Piliouras (Mannheim)
*Gionni Battista* | Gio Dancestudio (Mannheim)
Nadine *Dance Dine* Catalano | Urban Dancestudio Dine (Lingenfeld/Mannheim)

# Part One

DJing

Rap/MCing

Attitudes

Graffiti/Writing

# DJing

> *Die Musik ist das A und O. Wenn ich die Musik höre,*
> *dann bewege ich mich. Und das ist schon das Ding.*
>
> FREEZE LA ROC & JAMES

DJing ist der ursprünglichste Bestandteil von HipHop, der die weiteren Formen – *Rap*, *Breaking* und *Human Beatboxing*[4] – nach sich gezogen hat. Es ist die Kunst des Mixens, Überblendens und Scratchens (DJ-Techniken) verschiedener Songs bzw. Songparts, insbesondere ihrer Rhythmuspassagen, der Breaks. DJs initiierten die HipHop-Kultur, nicht nur indem sie neue Musik bereitstellten, sondern vor allem indem sie ein neues Format schufen, nach dessen Muster auch die anderen Elemente funktionieren. Wer die musikalischen und formalen Grundlagen der HipHop-DJ-Kunst nicht kennt,

---

4   *Rap* oder *MCing* (*MC* steht für *Mic Controller* oder *Master of Ceremony* – HipHop-interne Bezeichnung für ›Rapper‹) und *Breaking* bezeichnen wie *DJing* einzelne HipHop-Kategorien. Ihnen sind eigene Kapitel gewidmet, in denen die Begriffe ausführlich erklärt werden. *Human Beatbox* bedeutet ›menschliche Rhythmusmaschine‹: Der komplexe Sound einer Rhythmusmaschine wird imitiert und dadurch ein Groove erzeugt, der *MCs* ebenfalls als Hintergrund dienen kann. *Human Beatboxing* setzte sich in der Öffentlichkeit nicht als gleichberechtigte Variante neben den übrigen HipHop-Genres durch.

kann auch die HipHop-Tänze nicht verstehen. »DJing« ist also das Basiskapitel, in dem wesentliche HipHop-Praktiken und Inhalte angesprochen werden.

HipHop-DJs kreierten ihre Mixes live am Plattenspieler und hatten den Anspruch, in einer Performance ihr Publikum auch mit optischen Tricks zu unterhalten. Es ist beeindruckend, mit welcher Virtuosität ein professioneller DJ seine technischen Geräte bedient und die Platten immer abwechselnd überkreuz, streckenweise mit dem Rücken zum Publikum oder aus einer Drehung heraus mit dem Ellenbogen scratcht. In einem der frühen HipHop-Standardwerke von 1992, »Rap Attack« von David Toop, beschreibt der Rapper *Mercury* von der Formation *The Force MDs*, wie sich seit den 1970er Jahren die DJ-Kunst durch Größen wie *Dr. Rock* von *The Force MDs* sogar »in Richtung Akrobatik und Zauberkunststück« entwickelt hatte:

> Er kann mit seinen Ellenbogen mixen, mit seinem Kinn, seinen Füßen, mit Handschellen, mit verbundenen Augen, mit nur einem Plattenspieler. Er kann die Plattenspieler auf den Boden stellen und mit seinen Füßen scratchen. Wir haben einen zweiten DJ im Hintergrund. Er heißt Dr. Shock. Wenn es ums Scratchen geht, wird er zum Verrückten. Er kann eine Platte nehmen und auf ein Mittelstück für Singles setzen und dann die Platte von unten spielen, mit einer umgedrehten Nadel. Und dann noch scratchen. Er scratcht, bis die Platte ein Loch hat. (Mercury zit. in Toop 1992: 36)

Als Initiator dieser DJ-Kunst gilt *Kool DJ Herc*, der im Alter von zwölf Jahren aus Jamaika in die New Yorker Bronx kam. 1973 registrierte er als Party-DJ, dass sich die Gäste mehr für funkige Stücke, besonders von *James Brown*, begeisterten und zu den rhythmischen Instrumentalparts, in denen die Perkussionsinstrumente den Groove bestimmten, am intensivsten tanzten.

## /// JAMES BROWN

James Brown gilt als »The Godfather of Soul«. Er hatte seine größten Erfolge in den 1960er und 1970er Jahren. Durch seine treibenden Funk-Rhythmen prägte er die gesamte HipHop-Kultur, denn die DJs fanden in seinen Liedern reichlich Material zum ›Passagen-Aussondern‹, und viele seiner Moves wurden von Tänzern aufgegriffen.[5] Ebenso gilt er mit Hits wie »Say it loud, I'm black and I'm proud« als ein wichtiger Vertreter schwarzen Bewusstseins. Er thematisierte schwarze Selbsterhaltung im Anti-Drogen-Hit »King Heroin« und schwarzen Widerstand im Titel »Get up, get into it, get involved«. Gegen Ende seiner Stücke steigerte er sich stimmlich vom Sprechgesang zu geschrieenen Botschaften: »Get an education!«, »Do it one time – get right!« oder »Don't let 'em do it!« Zu den größten internationalen Hits von James Brown zählen »It's a Man's Man's Man's World« und »Sex Machine«. Er starb am 25. Dezember 2006. \\\

*Kool DJ Herc* ging dazu über, nur noch die rhythmischen Instrumentalparts zu spielen. Um diese Stellen, die manchmal nur ein paar Sekunden dauerten – er kaufte LPs auch wegen einer einzigen 15 Sekunden dauernden Rhythmuspassage (Ossi/Moondust 1984: 14) – nach eigenem Ermessen zu verlängern, benötigte er immer zwei Exemplare derselben Platte und zwei Plattenspieler. Mit einem Regler konnte er dann abwechselnd denselben Abschnitt von einer Platte zur anderen überblenden (Fernando 1994: 4f, Toop 1992: 73, Ossi/Moondust 1984: 11). Er bezeichnete die kurzen Rhythmusparts als ›Breaks‹ und seine Kreationen, die hinter- bzw. aneinandergesetzten Breaks als ›Breakbeats‹ (Toop 1992: 73). Diese Definitionen haben bis heute Gültigkeit, und der Begriff ›Breakbeat‹ bezeichnet mittlerweile eine gesamte musikalische Stilrichtung. *Herc* verließ damit das Refugium eines konventionellen Discjockeys, der lediglich seine Platten abspielt und eine Abfolge von Musikstücken bestimmt. Der HipHop-DJ komponiert eine neue Musik – jedoch nicht, indem er Instrumente spielt oder eine neue Melodie erfindet, sondern er übernimmt Ausschnitte bekannter Lieder und setzt diese neu zusammen. Bildlich ausgedrückt: »Der Breakbeat nahm ein-

---

5 Ein Dance-Tutorial von *James Brown* findet sich hier:
www.youtube.com/watch?v=Zdz88MBWomo (aufgerufen am 19.7.2015)

fach nur die Kirsche von der Torte, aß sie und schmiß den Rest einfach weg«. (Toop 1992: 74)

### /// DAS PRINZIP ›CUT AND MIX‹

HipHop setzt sich in allen Disziplinen aus Highlights zusammen, die miteinander kombiniert und verdichtet etwas komplett Neues ergeben. Das erste Beispiel dafür ist die Isolierung der besten Parts eines Liedes – in der HipHop-Auffassung sind dies reine Rhythmuspassagen – und diese Einzelstücke zu einer neuen Musik zusammenzufügen. Im Tanz gilt dasselbe Prinzip: Breaking vereint in sich eine Fülle bekannter Tanz- und Bewegungsmuster. Die Tänzer lösten die für sie attraktivsten Formen aus ihren Zusammenhängen, setzten sie neu zusammen und schliffen diese Kombinationen, bis sie einen völlig eigenen Tanz ergaben. Besonders viel Sorgfalt muss bei diesem Vorgehen auf Übergänge und Verbindungsstücke gelegt werden. Im Graffiti verschmolzen so ehemals einzeln lesbare Buchstaben zu einem Gesamtbild, Rap entwickelte sich aus dem anfänglichen Stakkato heraus zu einem Beat, der eine eigene Dynamik erzeugt, den sogenannten Flow. ///

Die frühen DJs ignorierten bestehende Urheberrechte. Dieses Verhalten drückte eine Absage an die Plattenfirmen aus, die oft mehr verdienten als die Musiker. Die Auswahl der Stücke bedeutete hingegen eine Hommage an die Künstler, denn die DJs verwendeten vorrangig Platten ihrer Favoriten. Auf diese Weise wurde vergessenen Original-Titeln zu neuer Popularität verholfen – und auch der Grundstein zu einer Underground-Kultur gelegt, deren Mitglieder sich auf die eigenen Stärken besinnen und sich von der Außenwelt bewusst abgrenzen. *Kool DJ Herc*s Erfindung der Breakbeats war durch seine jamaikanische Herkunft und die dort weit entwickelte DJ-Kultur geprägt, wie er im Dezember 1993 dem DJ *Red Alert* in einem Radio-Interview erklärte:

> I did a lot of things from Jamaica, and I brought it here and turned it into my own little style. (Kool DJ Herc zit. in Fernando 1994: 4)

Mitte der 1970er Jahre wurde er in der West-Bronx zunehmend bekannter, und es begann die Ära der Block Partys. Auf diesen Straßenfesten war der Eintritt mit 25 Cents für jeden erschwinglich, und die DJs hatten hier Gelegenheit, ihre Musikkreationen und Fähigkeiten vor einem größeren Publikum unter Beweis zu stellen (Fab 5 Freddy 1995: 16, Toop 1992: 73, Dufresne 1992: 20, Fernando 1994: 3f., Ossi/Moondust 1984: 17). Das Problem der Stromversorgung für die riesigen Soundsystems löste man auf einfache Weise: Entweder bezog man den Strom aus einem anliegenden Haus und bezahlte den Bewohner oder man zapfte die nächste Straßenlaterne an (Toop 1992: 73). Wer damals (noch) nicht in größeren Clubs auflegen konnte, spielte entweder auf diesen Partys, in Schulen oder in Parks für seine Anhänger.[6]

### /// DIE STRASSE

Block Partys symbolisieren HipHop als Straßen- oder Street Culture. Wenn es um ›die Straße‹ geht, ist der öffentliche Lebensraum gemeint und auch das Publikum, das sich dort aufhält: ›die Allgemeinheit‹. Es wird davon ausgegangen, dass das, was auf der Straße passiert, vor aller Augen, also vor Zeugen stattfindet, und dass man nicht die Augen davor verschließen kann. Auf der Straße wird man wahrgenommen, und dort kommt die Wahrheit ans Licht. Dies begründet die sogenannte ›Glaubwürdigkeit der Straße‹ für denjenigen, der sich dort bewährt hat. Leben auf der Straße kann aber auch auf Armut und Elend hinweisen. Entweder fehlen räumliche Alternativen oder aber es sind keine finanziellen Mittel vorhanden. Beides kennzeichnet ebenfalls den Ursprung der HipHop-Kultur. Breaking, Popping und Locking werden als ›Street Dances‹ bezeichnet. Dies bedeutet, dass die Tänze im öffentlichen, für jedermann zugänglichen Lebensraum – jedoch abseits des Mainstreams – entstanden sind und auch dort weitergegeben werden, also auf Partys, in Clubs, in Community Zentren. Wenn sich jemand als ›Street Dancer‹ bezeichnet, heißt das auch, dass diese Person die Tänze im weitesten Sinne autodidaktisch und nicht in einer Schule erlernt hat. \\\

---

6   Das Party-Element wird von vielen Vertretern der HipHop-Kultur bis heute als eigentlicher Inhalt von HipHop betrachtet.

*Afrika Bambaataa*[7] war einer der ersten, der sich von *Kool DJ Herc* inspirieren ließ: »I had all those records that he was playing as beats. I liked what he was playing – you know, once I come out and get my system – I'm gonna start playing that, too« (Fernando 1994: 6). DJs bauten sich schnell eigene Fangemeinden auf und fanden Leute, die sie bei ihrer Arbeit unterstützten. Die Anhänger, die sich um sie scharten, in erster Linie Tänzer, bildeten ihre Crew. *Afrika Bambaataa* nannte seine Gefolgsleute *Zulu Kings* und *Zulu Queens*. Aus dieser reinen Tänzergruppe ging später die *Zulu Nation* hervor. *Kool DJ Herc* benannte sich mit seiner Formation in *Herc and the Herculoids* um. Mit fortschreitender Entwicklung der HipHop-Kultur setzten sich viele Crews heterogener zusammen. Sie bestanden aus Tänzern, Graffiti-Künstlern, Rappern/MCs und DJs, die alle durch die unterschiedlichen HipHop-Elemente das gleiche Lebensgefühl repräsentierten.

Crews stellen bis heute in sich geschlossene Gruppen dar, die miteinander konkurrieren. *Afrika Bambaataa* und *Kool DJ Herc* waren ebenfalls Konkurrenten. *Herc* war für sein gewaltiges Soundsystem bekannt, und niemand wollte sich auf materieller Ebene mit ihm messen (Fernando 1994: 8). Ein weiterer DJ namens *Flash*, ebenfalls aus der Bronx und jamaikanischer Herkunft, konnte es in dieser Hinsicht weder mit *Herc* noch mit *Bambaataa* aufnehmen. Neben seiner umfangreichen Plattensammlung, verfügte er jedoch über Kenntnisse, die ihn – auf Anregung eines ihm bekannten DJs – zu einer Innovation befähigten, die die gesamte Technik des *DJing* bedeutend verfeinerte und ihre Möglichkeiten beträchtlich erweiterte: Er erfand und etablierte die Methode des ›Vorhörens‹, indem er per Kopfhörer auf der einen Platte die Einsatzstelle des Breaks suchte, während die andere Platte noch für das Publikum spielte. So

---

7   *Afrika Bambaataa* veranstaltete seine erste Party im November 1976 im »Bronx River Community Center« (Fernando 1994: 6) und wurde schnell dafür bekannt, dass er alle Musikrichtungen spielte. Er besaß seltene Platten und holte seine Beats längst nicht nur aus dem Funk-Bereich. So verwendete er auch balinesische Gamelan-Musik oder Breaks von Platten, die als ›unter dem Niveau‹ bei Musikkennern verpönt waren. Seine eigentliche Innovation war der als *Electro Funk* bekannt gewordene Stil, zu dem ihn u. a. die Computer-Klänge der deutschen Band *Kraftwerk* inspiriert hatten. 1982 hatte er mit dem Stück »Planet Rock«, für das er eine Goldene Schallplatte bekam, seinen größten Hit. Als Gründer der weltweit verbreiteten Organisation *Zulu Nation* (vgl. Kapitel »Attitudes«) setzt er sich für einen konstruktiven Zusammenhalt der HipHop-Community ein. Der Name *Afrika Bambaataa* bezieht sich auf einen Häuptling eines afrikanischen Zulu-Stammes und bedeutet »Häuptling Zuneigung« (Toop 1992: 70).

konnte er im Anschluss an den ersten Break den nächsten exakt einblenden, ohne dass die Übergänge erkennbar waren. Der Sound wurde dadurch wesentlich glatter als noch bei *Kool Herc*, der die Break-Parts immer nach Augenmaß eingespielt hatte (Toop 1992: 74, Fernando 1994: 9). Seine nächste, für HipHop bahnbrechende Erfindung war der *Backspin*: Anstatt, wie vorher, zwischen zwei Platten abzuwechseln, hielt er eine Platte am Ende eines Rhythmusparts einfach an, drehte sie per Hand wieder an den Anfang des Breaks zurück, um sie im passenden Moment wieder loszulassen und die Passage erneut zu spielen. Aus dieser Technik entwickelte *DJ Grand Wizard Theodore* das *Scratching*, welches bis heute ein Hauptbestandteil der DJ-Kunst ist (Dufresne 1992: 20, Fernando 1994: 10): Der DJ lässt die Nadel auf der Platte, während er diese rhythmisch vor- und zurückdreht. Das dabei entstehende Geräusch, das man früher als störend betrachtet und deshalb vermieden oder ausgeblendet hatte, wurde als perkussives Element entdeckt. Den einzelnen Beats wurde so mehr Komplexität und zusätzlicher ›drive‹ verliehen (Fernando 1994: 10). Flashs Fähigkeiten als DJ und seine technische Erfindungsgabe führten zu einer großen Fangemeinde, die ihm den Ehrentitel »Grandmaster« verlieh. Der Name *Grandmaster Flash* wird bis heute mit *DJing* und der gesamten Periode der Old School assoziiert.

### /// HIPHOP-OLD SCHOOL

Old School bezeichnet die Phase, in der HipHop entstand und von den Mitgliedern selbst wie auch von Außenstehenden als Kultur wahrgenommen wurde. Charakteristisch war, im Unterschied zu allen folgenden Entwicklungsabschnitten, der Zusammenschluss von DJing, Rap/MCing, Breaking, Graffiti/Writing und ein bestimmter Ehrenkodex. Der damalige Sound, die ersten Tanz-Moves und der anfängliche Rap-Stil, sind heute Bestandteile der HipHop-History. Diese Phase endete in der ersten Hälfte der 1980er Jahre. Die nachfolgende New School war durch die Spezialisierung und einer damit einhergehenden Auseinanderentwicklung der einzelnen Elemente gekennzeichnet. Die Energie und der Enthusiasmus der Anfangszeiten sind bis heute legendär. Old School gilt unter vielen HipHoppern als originäre und echte HipHop-Form. Man muss nicht in dieser Phase aktiv gewesen sein, um diese Einstellung zu teilen. Heute sind auch viele junge Mitglieder der Kultur Anhänger der Old School, leben die Einheit der Elemente und die entsprechenden Ideale. \\\

Die Vertreter der nachfolgenden HipHop-Generation führten Mitte der 1980er Jahre in der Ära der New School das digitale Sampling ein. Die vorher manuell erzeugten Effekte konnten nun per Computer eingespielt werden. Kalamn ya Salaam, an einer afrikanisch-amerikanischen Radiostation in New Orleans arbeitender Musikjournalist und Poet, sieht den größten Verdienst der HipHop-DJs in ihrer Umfunktionierung von Computern zu perkussiven Instrumenten. Aufgrund dieser Innovation feiert er sie als die Erschaffer der ersten »wirklich postmoderne[n] Musik des 20. Jahrhunderts« (Salaam 1995: 16). Ihr ›Aussonderungsverfahren‹ der Breaks gilt als eine Basistechnik zur Produktion elektronischer Gegenwartsmusik wie House, Techno, Drum'n'Bass und Trip-Hop.

Viele der frühen großen DJs, wie *Afrika Bambaataa*, produzierten fortan ihre Musik nach alter Manier, aber mit neuer Technik in Tonstudios. Von Mitte der 1980er bis Mitte der 1990er Jahre wurden nicht mehr nur Musikparts gesampled, sondern auch Sounds und Geräusche wie Explosionen, Verkehrslärm, Schüsse, Telefongespräche. Zusammen mit hochkarätigen Rappern/MCs wie *Run DMC*, *LL Cool J*, *Public Enemy*, *Queen Latifah* – um nur ein paar herauszugreifen – entstand eine äußerst dynamische, tanzbare Musik. Diese Phase gilt heute als das ›Goldene Zeitalter des HipHop‹. Produzenten, MCs und Tänzer kamen auf hohem künstlerischen Niveau gleichermaßen auf ihre Kosten. Daran anschließend, also ab Mitte der 1990er Jahre, bestimmten Produzenten, die mit neuen Möglichkeiten experimentierten und sich zunehmend an Bedürfnissen der Rapper orientierten, das HipHop-Geschehen. Rapper/MCs hatten ihre Wort- und Sprechakrobatik so weit entwickelt, dass sie ihrer Position als Anheizer für die DJs entwachsen waren und sich selbst mit ihren Fähigkeiten in den Vordergrund stellten. Weltbekannte HipHop-Crews wie zum Beispiel der New Yorker *Wu-Tang Clan* reduzierten die Beats auf ein schwerfälliges

Tempo, das den MCs zwar mehr Raum zur Entfaltung gab – für Tänzer wurde die Musik jedoch zu langsam. Der HipHop-Produzent *Jazzy Jeff*, der Anfang der 1990er Jahre mit seinem damaligen Partner *Will Smith* als *Jazzy Jeff & The Fresh Prince* mit »Boom! Shake the Room!«[8] noch einen internationalen Tanz-Hit hatte, fuhr die Geschwindigkeit ebenfalls herunter. Ich besuchte *Jazzy Jeff* 1997 in seinem New Yorker Studio »Platinum Touch« und fragte ihn, warum HipHop nicht mehr primär Tanz-Musik ist:

> *Jazzy Jeff:* Only because the style in HipHop music, it ain't so simple anymore. Now it's gotten to more musical in HipHop. Before it was just like a beat. And that would do. That would be satisfying, you know, they would be happy with that. But now it has changed, because, if you listen to the records that's really selling now, it's more music in it. So it's more artistically put together, it's more creative. HipHop has gotten more into like a song than just a beat. That's why it has changed. (1997)

*Jazzy Jeff* hob eine zunehmende Musikalität in den 1990er Jahren hervor, und tatsächlich wurden immer wieder durch Experimente mit verschiedenen Instrumenten neue Stilrichtungen und Trends in Richtung Song geschaffen. Das prägende Element von HipHop war und blieb jedoch der Rhythmus, und im HipHop geht es bis heute darum, komplexe, treibende und immer wieder tanzbare Beats zu produzieren. Mittlerweile steht Software mit unzähligen legalen Samples, Sounds und Grundbeats zur Verfügung. Und so kreieren heute auch Rapper/MCs selbst, wie der Heidelberger *Danny Fresh*, mit nahezu unbegrenzten Möglichkeiten ihre eigene Musik:

> *Danny Fresh:* Fester Bestandteil sind immer noch Samples in dem Sinn, dass die Leute mit Software arbeiten, wo Samples schon vorher dabei sind. Es wird auch noch gesampled, im Sinne von ›man nimmt von be-

---

8   Dieser Titel war eine poppigere HipHop-Variante, die *Swing Beat* oder *New Jack Swing* genannt wurde. Der Stil, zum Teil mit souligem Gesang, wurde maßgeblich vom Produzenten *Teddy Riley* kreiert und war in den End-1980ern und frühen 1990er Jahren auch kommerziell sehr erfolgreich. Bekannte Beispiele, die vielen heute noch im Ohr sein dürften, sind »Rump Shaker« von *Wreckx N Effects*, »Just got Paid« von *Jonny Kemp* oder »This is how we do it« von *Montell Jordan*.

stehenden Platten Zeug runter‹, halte ich aber für recht gefährlich.[9] Also, das konnte man in den 1980er Jahren noch machen, aber mittlerweile lasse ich die Finger davon. Wobei es erstaunlich viele Produzenten gibt, die sich einfach auch heute noch von einem Soulklassiker aus den 1970ern 20 Sekunden rausschnippeln und ein bisschen Schlagzeug drunter programmieren. Aber ich kenne wenige, die wirklich gut samplen. Technisch ist heute so gut wie alles machbar: Ich kann mir einen Gitarrenlauf nehmen, den auseinander hacken und andersrum wieder zusammensetzen. Ich habe auf dem letzten Album auch Sachen selber gesampled und von Sängern einsingen lassen, runtergepitched auf die passende Tonart, das passende Tempo, auseinander geschnitten etc. Aber vieles wird auch eingespielt.

*I:* Von einer Band im Studio?

*Danny Fresh:* Nee, über Synthesizer. Allgemein wird wenig live verwendet. Ich selbst finde aber so ein bisschen souliges, sampliges Gefühl sollte schon dabei sein und habe deshalb tatsächlich Leute Gitarre, Bass oder Pianosachen live einspielen lassen. Klar kann man viel aus der Dose nehmen, aber ich mag's vom Vibe und vom Sound her sehr, wenn Instrumente dabei sind. Und das ist heute alles ohne Probleme möglich. Also, jetzt auch mit dem Netzwerk, das ich habe. Warum soll ich Software bemühen, wenn ich zehn Gitarristen habe, die ich anrufen kann und die's gut machen?

*I:* Hast du bei deiner Musik, wenn du die Beats machst, noch die Tänzer im Blick? Ursprünglich war es ja Musik für Tänzer, und die MCs gaben ihre Kommentare und Tanzanleitungen dazu. Ist da bei dir noch was vorhanden?

*Danny Fresh:* Eigentlich nicht. Es hat sich auch so rauskristallisiert, dass die meisten Songs einfach zu langsam sind. Durchschnittliches Rap-Tempo ist irgendwo bei 85 BPM bis 93 oder 95 BPM, was einfach für Tänzer nicht sehr reizvoll ist. Ich hatte auf der letzten CD einen Song,

---

9 »Gefährlich« ist hier im Sinne von ›illegal‹ zu verstehen, wenn man Samples inoffiziell verwendet. Grundsätzlich müssen Samples bei der Plattenfirma, die das Originalstück veröffentlicht hat, bezahlt und durch sie genehmigt werden.

der hieß »Mannheim«, da waren ein paar Tänzer im Video mit dabei.[10] Aber es ist jetzt nicht so, dass ich besonderes Augenmerk drauf lege. Es gibt ein paar Nummern, bei denen es sich anbietet, und ich hab's gern bei Konzerten. Wenn B-Boys da sind, lasse ich den DJ was Passendes auflegen, auch wenn's keine Tracks von mir sind, damit ein bisschen HipHop-Feeling reinkommt. Aber selber habe ich nicht viele Tanznummern. Kopfnicken ja, richtig tanzen eher nein. (2011)

Es stellt sich die Frage, worauf denn Breaker und auch Popping- und Locking-Tänzer heute tanzen, wenn im aktuellen ›HipHop-Musikbusiness‹ nur noch sporadisch Material für sie in Frage kommt.[11] *Tomek Bachanowicz*, Breaker und Veranstalter aus Mannheim, ist auch als DJ immer an der Quelle für geeignete Musik. Er gibt Auskunft darüber, was ein für Breaker tanzbarer Song enthalten sollte.

*Tomek:* Viele B-Boys, B-Girls tanzen sehr gerne auf Rap, auch auf ein bisschen langsamere Sachen. Und viele tanzen mehr auf Breakbeats, Funk, die ungefähr die Geschwindigkeit von 115 bis 125 BPM haben. Rap hat ja eigentlich so im Durchschnitt 90 bis 100 BPM. Es gibt viele Rap-Künstler, die auf ihrem Album zwei, drei schnellere Tracks haben, und das benutzen die meisten dann zum Tanzen. Das sind dann auch die Stücke, die die DJs spielen, wenn aufgelegt wird. Ich bevorzuge die schnelleren Breaks, Funk – Bongos, Schlagzeug, Drums, Saxophon, Keyboard. Das alles macht eine Atmosphäre, da musst du einfach tanzen. Wenn es wirklich guter Funk ist, kann man nicht stillsitzen. (2011)

Dass Tänzer relativ häufig auch DJs sind, kommt nicht von ungefähr. Zum einen benötigen sie viel Material zum Tanzen, zum anderen geht es auch darum, möglichst viel Musik zu kennen, um im Tanz punktgenau darauf zu reagieren.

---

10  U. a. mein Interviewpartner *Tomek Bachanowicz* und der Mannheimer Funkstyler *Bubble Zoo.*
11  Selbstverständlich entwickeln sich simultan mit neuer Musik auch neue Tanzformen. Hier finden Tänzer im Bewegungsrepertoire der klassischen Tänze *Breaking*, *Popping* und *Locking* Grundlagen, sich auszudrücken. Mehr dazu im Kapitel »Urban Dance«.

Wer darüber hinaus selbst Breaks cuttet und diese zu neuen Tracks zusammenfügt, wird ein gutes Gefühl für Beats, Moves und Übergänge als Tänzer entwickeln. Der große Breaker *Ken Swift*[12] empfiehlt sogar jedem Tänzer, über eine DJ-Tätigkeit hinaus ein Musikinstrument zu lernen, um sich in Musik einzufinden und die Fähigkeit zu erlangen, sie auch zu verkörpern.[13]

Es gibt Musik, die sich speziell für *Breaking*, *Popping* oder *Locking* eignet. Generell kann man sagen, dass auf Funk aus den 1960er bis 1980er Jahren getanzt wird, also auch auf die Originalstücke, deren Samples in der HipHop-Anfangsphase verwendet wurden. Zusätzlich produzieren heute viele Funkbands sehr gut tanzbare Musik im Stil der 1970er Jahre wie *The Bamboos*, *The New Mastersounds* oder *The Haggis Horns*. Gängige Software und jahrelange Auseinandersetzung mit Musik ermöglichen es auch Tänzern, eigene Beats anzufertigen. Auch unter meinen Interviewpartnern sind, neben *Tomek*, einige DJs und Musiker: Die Funkstylerin *Dance Dine* ist DJ und produziert eigene Musik. Der New Yorker Breaker und Popping-Tänzer *Kwikstep* veranstaltet als DJ regelmäßig Partys und spielt seit seiner Kindheit Percussions. Seine Frau, die Breakerin *Rokafella*, ist auch als Sängerin unter dem Namen *La Roka* in New York bekannt. Der ehemalige Breaker *Akanni Humphrey* macht heute ausschließlich Musik, und der Graffiti-Künstler *Gonz* war unter anderem Texter und Produzent der Heidelberger Formationen *Advanced Chemistry* und der *Stieber Twins*. Legendäre Funkstyle-Tänzer wie der New Yorker *Mr. Wiggles*[14]

---

12   *Ken Swift* von der wohl bekanntesten Breaking-Formation *Rock Steady Crew* (*RSC*) (s. Kapitel »Breaking«) ist bis heute einer der berühmtesten Breaker überhaupt. Innerhalb der HipHop-Community wurde ihm der Titel »The Epitome of a B-Boy« verliehen. 2006 gründete er seine eigene Crew *The Seven Gems*. Als junger Tänzer beherrschte er viele *Power Moves*, wurde jedoch für den Ausbau von *Footwork*, *Freezes* und *Top Rock* bekannt. Er unterrichtet und judged weltweit und gibt sein Wissen in seiner »Ken Swift School of HipHop-Fundamentals« nach seinem eigenen Konzept »Breaklife« weiter.

13   Interview mit *Ken Swift*: www.youtube.com/watch?v=8IcmA-ta0Jg (aufgerufen am 19.7.2015)

14   Als Mitglied der *Rock Steady Crew* und der *Electric Boogaloos* gilt *Mr. Wiggles* aus der South Bronx als einer der großen HipHop-Pioniere. Er war in allen HipHop-Elementen aktiv, neben seiner Hauptdisziplin *Popping* in erster Linie als Graffiti-Artist. Auf seiner Webseite finden sich zahllose Infos über die HipHop-Kultur und kostenlose Tutorials. Ebenso sind dort seine Workshops buchbar, ausführliche Tutorials auf DVD zu erwerben – und auch seine Musik. (www.mrwiggles.biz, abgerufen 1. April 2013)

und *Suga Pop*[15] aus L. A. verkaufen auf ihren Workshops oder im Internet ihre eigene, für bestimmte Tanzformen zusammengestellte Musik.

Als Produzent möchte der ursprüngliche HipHop-DJ seine Musik natürlich mit einem guten Rapper oder MC als Zugpferd verkaufen. Live-Events bekommen jedoch immer noch den besonderen Kick durch virtuose Old School-Fertigkeiten. Und so gibt es nach wie vor den DJ, der Platten auflegt, scratcht und mixt. Ein Live-DJ, dem man bei seiner Arbeit zusehen kann, ist beeindruckend. Sie legen in Clubs für Tänzer auf, und auch auf Battles[16] sind sie für die Beats zuständig. Grundsätzlich wünscht sich jeder DJ ein begeistertes Tanzpublikum, und wer der HipHop-Kultur verbunden ist, nimmt es als Kompliment, wenn gute Tänzer seine Beats verwenden. Die deutsche Breaker-Legende *Storm* weist auf die immer noch bestehende klassische Verbindung von DJs und Tänzern, auch bei neuer Produktionsweise der Beats, hin:

> *Storm:* Was zum Beispiel dem Tanz Popping nochmal einen richtigen Schub gegeben hat, ist, dass mehr und mehr Produzenten ihre Beats nicht mehr ausschließlich für den Verkaufsmarkt produzieren, sondern auch der Community freistellen. Die sagen einfach ›Ihr steht auf meine Beats? Alles klar, hier habt ihr sie‹. Und das ist richtig schön zu wissen. (2011)

---

15 *Suga Pop* von den *Electric Boogaloos* (und ebenfalls RSC-Mitglied), ist nicht nur Tänzer und darüberhinaus ein hochdotierter Brazilian Jiu-Jitsu-Kämpfer, sondern auch ein professioneller Musiker. Inspiriert durch *Prince*, den er als Support von *Sheila E.* während der »Purple-Rain-Tour« begleitete, verfolgte er eigene Projekte mit der Band *Pop's Cool Love* aus den 1990er Jahren oder dem Soloalbum »Caramel 76« von 2011. Er spielte u. a. live mit *De La Soul* und *LL Cool J* und produzierte HipHop-Acts wie *Cypress Hill* und *Boo Yaa T.R.I.B.E.* Letztlich bezieht er seine musikalischen Ideen aus dem Tanz: »Everything I do, it comes from dancing. [...] Even when I'm playing the keyboards, it's like I'm dancing on the keys.« (*Suga Pop* zitiert auf www.sugapopmusic.com, abgerufen 1. April 2013)

16 Battles sind Konkurrenzkämpfe und Wettbewerbe auf künstlerischer Ebene. Im Kapitel »Battles« wird das für die gesamte HipHop-Kultur bedeutsame Phänomen am Beispiel der Tanz-Battles eingehender betrachtet.

# Rap/MCing

*Wenn ich will, dass jemand auf den Inhalt hört, muss die Verpackung stimmen. Und die Verpackung ist der Rhythmus.*

DANNY FRESH

Rap ist der für HipHop charakteristische rhythmische, meist in Reimform vorgetragene, ›Sprechgesang‹. Zuweilen erfolgt eine begriffliche Gleichsetzung der Bezeichnung ›Rap‹ mit der gesamten HipHop-Kultur. Beide Ausdrücke werden oft synonym verwendet, was dazu führt, dass viele Außenstehende HipHop als reinen Musikstil betrachten. Es gibt auch Rapper, die sich nicht notwendigerweise als Teil der HipHop-Kultur begreifen. Um sich davon abzuheben, nennen sich viele ›HipHop-Rapper‹ MC. In diesem Buch wird unter ›Rap‹ die Praxis des ›Sprechgesangs‹ verstanden. Der Ausdruck ›to rap‹ bedeutet ursprünglich ›schlagen‹ oder ›klopfen‹, wird aber auch mit ›schwatzen‹, ›klönen‹ übersetzt. Das »HipHop-Slang-Wörterbuch« definiert ›Rap‹ als eine »mitunter poetische Art des Reimens, unterlegt von treibenden Funkrhythmischen Versatzstücken« (Fab 5 Freddy 1995: 59).

Kenner der HipHop-Kultur vertreten einheitlich die Theorie, dass *Rap* stilistisch auf afrikanischen Sprachtraditionen basiert, sogenannten Oral Traditions. Dies sind mündliche Überlieferungsweisen von Geschichte, sonstigen Kulturgütern wie Liedern, aber auch von Klatsch und Tratsch (Toop 1992: 42). In dieser Tradition stehen vor allem westafrikanische *Griots*, die von Ort zu Ort ziehen und ihre Dienste anbieten. *Griots* sind größtenteils Berufsmusiker, in erster Linie Sänger, die bei der Bevölkerung äußerst angesehen sind und deren Spott man sehr fürchtet (Toop 1992: 42f.). Sie verfügen über ein immenses Repertoire an überliefertem kulturellen Wissen, müssen aber immer auch aktuelle Geschehnisse aus dem Ort, an dem sie sich gerade aufhalten, kennen und in ihre Vorträge mit einbeziehen sowie flexibel auf Kommentare ihrer Zuhörer reagieren. 1968 identifizierte sich eine Gruppe junger amerikanischer Literaten mit den *Griots*. Sie formierten sich als *The Last Poets* im Anschluss an einen Schriftsteller-Workshop zur Frage, was schwarze Dichter in einem Amerika ausrichten können, in dem der Analphabetismus immer mehr zunimmt. In Harlem trugen sie deshalb ihre Gedichte von Perkussionsinstrumenten begleitet auf der Straße vor:

> Brothers Others Lovers Mothers Sons
> Friends on a set, Ain't nobody freed yet
> Tryin' to pin, What's happenin'
> What they're coming from, And going to
> Communicating with Me and You ...
> (The Last Poets 1968: »Jazz-Poetry« zit. in Ossi/Moondust 1984: 21)

Diese wenigen Zeilen nehmen bereits weite Teile des HipHop-Spektrums vorweg: Die eigenen Leute werden angesprochen (»Brothers Others Lovers Mothers Sons«) und auf den zentralen Missstand »Ain't nobody freed yet« aufmerksam gemacht. Die nächsten Verse drücken die eigene Absicht einer Bestandsaufnahme und Beobachtung des gegenwärtigen Zustandes aus (»Tryin' to pin, What's happenin'«), der Manifestation der eigenen Geschichte und Kultur (»What they're coming from, And going to«) sowie der Notwendigkeit der gegenseitigen Verständigung (»Communicating with Me and You«).

Viele afrikanisch geprägte Kulturen zeichnen sich durch komplexe Oral Traditions aus. In Jamaika (Bader 1992: 87) und besonders auch in Nordamerika ist eine Variante unter den Bezeichnungen *Signifying*, *Sounding* oder *Playing the Dozens* vornehmlich unter männlichen Teenagern sehr verbreitet. Es handelt sich hierbei um ein stilisiertes Konkurrenzverhalten, in dem versucht wird, den Gegner verbal auszustechen. Oft an Kinderreime angelehnt, messen die Rivalen in einer Art Frage-und-Antwort-Spiel ihre rhetorischen Fähigkeiten. Häufig gipfeln die *Dozens* in der Beleidigung der Mutter des Gegners:

> Roses are red
> Violets are blue
> I fucked your mama
> And now it's for you
> (Abrahams zit. in Merten 1993: 65f)

Erwachsene Männer drücken sich in komplexeren Reimen, den *Toasts*, aus. Man findet hier zusammenhängende Geschichten und in der Ich-Form vorgetragene Charakterdarstellungen. Diese müssen nicht mit der Biografie des Erzählers übereinstimmen. In den *Toasts* werden in der Regel zwei Grundcharaktere dargestellt: zum einen der »Badman«, ein rücksichtsloser und brutaler Typ, der die Leute wissen lässt, was sie von ihm zu erwarten haben »I'm a bad motherfucker and you know this« (NWA zit. in Stanley 1992: 242). Der andere Charakter ist der »Trickster«, ein schlauer und gerissener Typ, der aufgrund seiner Gewandtheit von seinen Gegnern nicht zu fassen ist: »I'm a Rap trickster« (Ice T, zit. in Stanley 1992: 166). *Toasting* ist unter dieser Bezeichnung vor allem unter jamaikanischen DJs[17] sehr verbreitet und wird von vielen als direkter Vorläufer von *Rap* angesehen (Bader 1992: 39, 43, 96ff, Fernando 1994: 31). Der aus Jamaika stammende *Kool DJ Herc* war in der Bronx einer der ersten DJs, der sein Publikum zusätzlich mit Slangausdrücken und witzigen Sprüchen anheizte. In Harlem wird *DJ Hollywood* als erster Rapper gefeiert (Toop 1992: 84). Auch wenn Uneinigkeit darüber herrscht, wer der erste Rapper oder MC war,

---

17 In Jamaika wird mit ›DJ‹ der Toaster/Rapper bezeichnet. Der dortige Plattenaufleger ist der ›Selector‹.

lässt sich festhalten: *Rap* ist ein kultureller Bestandteil von HipHop, der sich aus einer jamaikanischen Sprachtradition an verschiedenen Orten New Yorks entwickelt hat.

In den frühen 1970er Jahren ›toasteten‹ die DJs alle selbst. Mit zunehmender Konzentration auf ihre Mixes fanden sich jedoch Leute, die die verbale Anheizerfunktion übernahmen und durch das Programm führten. Diese wurden MC, *Master of Ceremony* oder auch *Mic Controller* genannt. Die MCs ›arbeiteten‹ sozusagen für den DJ. Sie stellten seine Fähigkeiten heraus und animierten das Publikum zum Tanzen. Ein frühes Textbeispiel dazu ist »King Tim III«[18] von der *Fatback Band*:

> To the break
> That keep the same old beat
> About awhile ago and I wanted to know
> Just who you been listenin' to
> I am the voice of King Tim the Third
> Tell you what I want you to do
> A little left hand, right hand in the air
> And you slam dunk like ya just don't care
> You put your left leg out and the right leg in
> Say the hustle is out and the rock is in
> (Fatback Band zit. in Stanley 1992: 121)

Der MC stellt hier seine eigene Person deutlich in den Dienst des DJs, King Tim III. (»I am the voice of King Tim the Third«). Er gibt die für die HipHop-Anfänge typischen Tanzanweisungen (»Tell you what I want you to do/A little left hand, right hand in the air/And you slam dunk like ya just don't care/You put your left leg out and the right leg in«). Schließlich kündigt er den neuen Tanz – *Rocking* – (to rock: dt. schaukeln) an, der mit seinem rhythmischen Bounce das typische Movement von *Breaking* und *Hip Hop* einleitete: »Say the hustle is out and the rock is in«. Dieser *Rap* stellt den ›HipHop-Kosmos‹ im Gegensatz

---

18 »King Tim III« gilt als der erste *Rap*, der auf Platte erschien. Auf einer B-Seite wurde dieses Stück am 25. März 1979 noch vor »Rapper's Delight«, der ersten offiziellen HipHop-Platte von der *Sugarhill Gang*, veröffentlicht.

zur Gesamtsituation der African Americans aus dem zuvor zitierten Textbeispiel der *Last Poets* dar. Der Text der *Fatback Band* ist nicht so komprimiert wie der der *Last Poets*. Bei der *Fatback Band* nehmen sprach-rhythmische ›Füllpassagen‹ breiten Raum ein – möglicherweise ein Hinweis auf die ursprüngliche Bedeutung des Ausdrucks ›to rap‹ als ›einfach vor sich hinreden‹. Hier zeigt sich eine Entwicklung weg von der inhaltlichen Bedeutung hin zu einer neuen rhythmischen Sprachästhetik.

*Grandmaster Flash* beschäftigte fünf MCs und nannte sich und seine Crew daraufhin *Grandmaster Flash and the Furious Five*. Mit der Zeit gestalteten die MCs ihre Texte immer komplexer und anspruchsvoller und schufen so ein eigenes künstlerisches Genre. HipHop schien sich ungestört zu entwickeln, und *Grandmaster Flash* zufolge, der in sämtlichen großen Hallen wie dem »Roxy« und dem »Audubon«[19] Platten aufgelegt hatte, lief drei Jahre lang »alles ganz toll« (Toop 1992: 92). Da tauchte am 9. November 1979 die erste offizielle HipHop-Platte »Rapper's Delight« von der *Sugarhill Gang* auf. Der Text gibt deutlichen Aufschluss über den damaligen musikalischen Anspruch von HipHop, nämlich extrem rhythmusbetont und tanzbar zu sein. Ein kurzes Textbeispiel:

> I said a hip hop
> The hippie the hippie
> To the hip hip hop, a you don't stop to rock it
> To the bang bang boogie, say up jumped the boogie
> To the rhythm of the boogie, the beat
> Now what you hear is not a test – I'm rappin' to the beat
> And me, the groove, and my friends are gonna try to move your feet
> (Sugarhill Gang zit. in Stanley 1992: 318)

---

19 Dieses waren die zwei größten und traditionsreichsten Veranstaltungsorte in Harlem. Wer dort aufgetreten war, hatte sich etabliert. Das »Audubon« fasste 3000 Besucher. *Grandmaster Flash* war der erste HipHop-DJ, der dort einen Auftritt wagte. Sein erstes Gastspiel war ein großer Erfolg. Zwei Monate später sollte die zweite Party stattfinden. Diese endete damit, dass Mitglieder rivalisierender Crews die Inneneinrichtung ›in Schutt und Asche legten‹. Die Partys gerieten daraufhin immer mehr in Verruf und wurden schließlich eingestellt (Toop 1992: 89f).

Die *Sugarhill Gang* war für die damals noch überschaubare Gruppe der New Yorker HipHopper eine gänzlich unbekannte Größe. Sie kamen aus New Jersey und hatten nichts mit der eigentlichen Szene zu tun. *Sylvia Robinson*, Geschäftsführerin von »Sugarhill Records«, einer neugegründeten Musikproduktionsfirma, hatte sie mehr oder weniger unbedarft nach dem ›Prinzip der Verfügbarkeit‹ ausgewählt. Sie war selbst Sängerin, hatte HipHop bei ihren Kindern gehört und sah darin eine neue Musikrichtung, die sie auf ihre Marktfähigkeit testen wollte. Die New Yorker HipHop-Szene reagierte damals völlig überrascht und teilweise auch empört: Die Ehre, die erste HipHop-Platte zu machen, hätte *Grandmaster Flash* gebührt. Diese Aufnahme setzte eine wahre Veröffentlichungsflut in Gang, und so wurde eine breite Öffentlichkeit auf HipHop und auf Größen wie *Grandmaster Flash*, der bei »Enjoy Records« sofort die Platte »Superrappin'« nachschieben konnte, aufmerksam. *Klown*, einer der frühen Tänzer aus der Bronx, erinnert sich an diese Phase, in der HipHop auch an seinem Ursprungsort noch nicht allgemein bekannt war:

*Klown:* Before I moved from the Uptown Bronx, I heard stuff from the Sugarhill Gang, know what I mean. When I moved into the lower part of Bronx I started seeing that it was a part of the culture, you know. That it had something to do with »Breakdancing«, B-Boying, that it had something to do with this music. (1997)

»Rapper's Delight« läutete die musikalische Verbreitung und Anerkennung von HipHop ein und wird heute nicht nur als zitierfähiger Bestandteil akzeptiert, sondern gilt als echter Klassiker. 1982 veröffentlichten die MCs von *Grandmaster Flash, Melle Mel and The Furious Five*, bei »Sugarhill Records« die Single »The Message«. Diese Veröffentlichung führte zur Trennung von *Grandmaster Flash* und seinen MCs. *Flash* fühlte sich betrogen und weigerte sich, mit »Sugarhill« zusammenzuarbeiten. Also brach mit Einzug des Kommerzes die bis dahin wohl erfolgreichste HipHop-Formation auseinander. Das Ansehen von *Grandmaster Flash* unter den Fans war jedoch so groß, dass sein Name noch heute mit dem HipHop-Klassiker »The Message« assoziiert wird, obwohl er diese Scheibe weder produziert, noch einen einzigen Satz in dem Stück gerappt hat (Ossi/Moondust 1984: 48). Der Text begründete den sogenannten *Message Rap*, der Sprachrhythmik mit einer inhaltlichen Botschaft verbindet. Man findet hier die Kombination zwischen Sozialkritik und Erzählen über sich selbst. Diese ›Berichte aus erster Hand‹ über das Leben in den Ghettos von Amerika bedürfen keiner Interpretation:

> Got a bum education, double-digit inflation
> Can't take the train to the job,
> there's a strike at the station
> Rats in the front room, roaches in the back
> Junkies in the alley with a baseball bat

Der Refrain des Stückes vermittelt einen Eindruck des frühen stakkatoartigen Old School-Stils:

> Don't push me 'cause I'm close to the edge
> I'm tryin' not to lose my head
> Ah huh huh huh huh
> It's like a jungle sometimes, it makes me wonder
> How I keep from going under
> (Melle Mel and the Furious Five zit. in Stanley 1992: 150)

Viele Raps erhielten nun neue inhaltliche Aussagen. Weg vom unverbindlichen ›Everybody clap your hands and say Ho! …‹ begannen nun die MCs, wie vor ihnen schon *James Brown* und andere Funk- und Soullegenden ihre Weltanschauung zu verbreiten sowie Jugendlichen positivere Lebens- bzw. Überlebenskonzepte im Ghetto anzubieten. Ausgelöst durch die Plattenproduktionen, begann mit dem Erfolg von »Rapper's Delight« Anfang der 1980er Jahre die Übernahme und kommerzielle Verwertung von HipHop durch die Musikindustrie. In dieser ersten großen Welle sahen sich viele der bis dahin finanziell relativ mittellosen und geschäftlich unbedarften Rapper Vermarktungsstrategien ausgesetzt, denen sie kaum gewachsen waren. Das Publikum sah und hörte sich schnell an HipHop satt und viele Akteure empfanden ähnlich: Sie hatten, wie *Jalil Hutchins* von *Whodini*, bereits Anfang der 1980er Jahre sowohl von ihrem eigenen moralisierenden *Message Rap* als auch von den geforderten Showeinlagen genug:

> […] mal ehrlich: Viel von der Originalität, von dem was Rap einmal wirklich war, ist weg. Doch neuerdings sieht's wieder so aus, als würde er zurückkommen. Street-Rap ist auf einem aufsteigenden Ast. Viele Leute haben inzwischen von dem Message-Zeug die Nase voll. Jeder kam mit irgendeiner Botschaft raus, so daß die Leute bald sagten: Hey, ich weiß, daß die Zeiten verdammt hart sind. Ich brauche nur mal rauszugehen, auf die Straße schon werde ich überfallen, zweimal die Woche. Das braucht ihr mir nicht zu erzählen, davon habe ich die Schnauze voll. Gib mir einen Beat und sag, ich soll meinen Hintern bewegen. Das kommt an. Es geht alles wieder zurück zum echten Funk. (Jalil Hutchins zit. in Ossi/Moondust 1984: 125)

### /// BACK TO THE FUNK

HipHop wurde besonders in der Anfangsphase als kurzlebiger Trend gesehen und mehrfach auch von den eigenen Mitgliedern totgesagt, wenn sich einzelne Strömungen in ihrer Entwicklung zu weit von der Originalform entfernten. Im HipHop geht es immer darum, seinen Weg und seinen eigenen Stil zu finden und sich von anderen abzuheben. Bei dieser Suche konzentrieren sich Rapper/MCs manchmal verstärkt auf Textinhalte und DJs/Produzenten auf musikalische Richtungen. Auch der Tanz experimentiert mit verschiedenen Schwerpunktsetzungen. Breaking lotet wie kein anderes HipHop-Element die Grenzen des menschlich Machbaren aus und verlor sogar vor lauter Konzentration auf spektakuläre Moves schon einmal fast die Verbindung zur Musik. Aber HipHop besteht fort, indem die Mitglieder der verschiedenen Disziplinen nach jeder Phase zurück zum Kern kommen: »Es geht alles wieder zurück zum echten Funk« (op. cit.: 125). Letztlich setzt sich mit dem treibenden Groove in Sound und Bewegung immer die positive Ursprungsenergie durch und bleibt das Herzstück der Kultur. \\\

Der Hype der Anfangs-80er zog bereits 1984 einen Einschnitt nach sich, der von vielen Beobachtern als das Ende von HipHop überhaupt gesehen wurde. Rückblickend zeigte sich: Die Ära der Old School endete hier – doch die Kultur entwickelte sich weiter. Allerdings schaffte kaum einer ihrer Vertreter den Übergang zur New School, die 1985 mit dem neu gegründeten Plattenlabel »Def Jam« begann (Toop 1992: 183ff, Fernando 1994: 157ff). An diesem Punkt lösten Rapper die DJs in ihrer Vormachtstellung ab und dominieren seitdem das HipHop-Geschehen. Eingeleitet durch *Run DMC*, die der Musik deutlich härtere (›weiße‹ Rock-)Einflüsse verliehen, breitete sich HipHop innerhalb der USA aus, besonders in Kalifornien und im Süden bis in die weißen Vorstädte (Toop 1992: 184). In dem Stück »My Adidas« beschreiben die MCs eine für den uneingeweihten Hörer nicht mehr nachvollziehbare Verbindung zu ihren Turnschuhen.[20] Text enthält hier eine subtile Botschaft, da auf symbolische Bedeutungen zurückgegriffen wird, die in der HipHop-Szene verankert sind. Es etablierte sich ein Insidercode, der HipHop als Kulturform bestätigte. Inhaltlich wird diese Existenz durch die unbedingte Zusammengehörigkeit verschiedener Komponenten, in diesem Fall Lebensgefühl und Mode, manifestiert:

> My Adidas and me, close as can be
> We make a mean team, my Adidas and me
> We get around together and down forever
> And we won't be bad when caught in bad weather
> My Adidas
> My Adidas
> (Run DMC zit. in Stanley 1992: 273)

Rapper wurden zu internationalen Superstars, die ihren Aufstieg oftmals mit dicken Goldketten zur Schau trugen, die materiellen Überfluss und die symbolische Rückeroberung (der Goldvorkommen) Afrikas symbolisierten. Der neue Rap-Stil war deutlich fließender als der ihrer Old School-Vorgänger (Toop 1992: 193). Textinhalte bezogen sich Mitte der 1980er Jahre häufig auf das Heraus-

---

20 Adidasschuhe ohne Schnürsenkel galten damals als Symbol der Solidarität mit den Brüdern und Schwestern in den Gefängnissen.

stellen der eigenen Persönlichkeit und das *Dissen*[21] anderer. Dies zog wiederum sogenannte ›Antwort-Raps‹ nach sich. »Jetzt lebte Rap die Tradition der dozens und der Spott-Songs der Yoruba inmitten einer großstädtischen Klanglandschaft aus« (Toop 1992: 194).

Etwa zur gleichen Zeit entstand an der Westküste über *Gang Rhymes* der kontrovers diskutierte *Gangsta Rap*.[22] Rapper provozieren in diesem Genre mit schockierenden, Gewalt verherrlichenden Statements und kokettieren mit ihrem Gangster-Status. Hier taucht in verstärktem Maße der zuvor beschriebene Charakter des Badman auf. Als einer der Begründer gilt der aus Compton, L. A., stammende *Ice T*.[23] Seine Lieder erzählen Geschichten aus dem Gangster-, Zuhälter- und Drogenmilieu. Er hat sich nach seinem Vorbild *Iceberg Slim*[24] benannt, einem viel gelesenen schwarzen amerikanischen Schriftsteller. In seinem eigenen Buch »The Ice-Opinion« verbreitet *Ice T* seine persönlichen Ansichten über sämtliche, auch im HipHop behandelte Themen wie Verbrechen, Sex, *Rap*, Religion, Rassismus, Rebellion und Revolution. Sein Anliegen ist es, Weißen ›schwarze‹ Standpunkte näher zu bringen und weder sich selbst, noch seine Leute abzusondern. Dieses zieht sich durch das gesamte Buch. Er spricht sich deutlich gegen Rassismus, Nationalismus und Separatismus auf beiden Seiten aus (Ice T 1995: 232) und betont die Notwendigkeit einer Annäherung auf der Basis von gegenseitigem Verständnis.

---

21  *Dissen* (von ›to disrespect‹: ›missachten‹, ›heruntermachen‹) ist ein im HipHop-Vokabular feststehender Ausdruck für das gezielte Beleidigen von Konkurrenten.

22  Dieses Genre hatte, wie jede Strömung, einen eigenen typischen Sound, der natürlich heute überholt ist. Allerdings existieren immer noch unzählige gewaltverherrlichende und sexistische Raps – die ich hier allerdings nicht featuren möchte. Ich werde deshalb im weiteren Verlauf *Gangsta Rap* als Bezeichnung für derartige Rap-Inhalte beibehalten.

23  Der Rapper und Schauspieler *Ice T* gilt als einer der Urväter der HipHop-Kultur in L. A., der versuchte, Jugendlichen mit HipHop Alternativen zu Gangaktivitäten aufzuzeigen. Er wird als »ein artikulierter, geistreicher und ehrgeiziger Geschäftsmann« beschrieben (Toop 1992: 212), der sich von seinem Geld nicht nur einen Ferrari und ein Haus in Beverly Hills leistet, sondern auch andere an seinem Erfolg teilhaben lässt. Er finanzierte allein in den 1990er Jahren dreißig Jugendliche und richtete einen Fonds für Kautionszahlungen zu Unrecht Inhaftierter ein. 1992 brachte er mit dem Stück »Cop Killer«, das er dem LAPD-Chef Daryl Gates widmete, seinen Hass auf die rassistisch agierende Polizei geballt zum Ausdruck.

24  *Iceberg Slim* (1918–1992) hatte selbst im Ghetto gelebt und erzählte, wie heute viele Rapper, authentische Geschichten ›von der Straße‹. Seine Biografie erschien unter dem Titel »Pimp. The Story of my Life«.

Im Interview mit Brian Cross[25] gibt *Ice T* ein Beispiel für *Gang Rhymes*, die schon lange kursierten, bevor man überhaupt *Rap* und HipHop benannte:

> Strollin' through the city in the middle of the night,
> Niggas on my left and niggas on my right,
> Yo I cr-cr-cr-cripped every nigga I see,
> If you bad enough come fuck with me [...]
> (Ice T zit. in Cross 1993: 180)

Diese Art von Reimen kann endlos weitergeführt werden, und der einzige Unterschied zu *Rap* ist, dass sie nicht über Musik ›gesprochen‹ wurden und auch nur Insidern bekannt waren. In keinem Fall waren sie für ein überwiegend weißes Publikum bestimmt, das bis heute eine große Anhängerschaft des *Gangsta Rap* darstellt: Die, wie *Ice T* aus Compton stammenden *NWA*,[26] eine typische Gangsta-Rap-Formation, standen in den 1990er Jahren offensichtlich gerade aufgrund ihrer sexistischen und gewaltverherrlichenden Texte, die angeblich den Beweis eines besonders großen Authentizitätsgehalts lieferten, bei weißen Hörern in Europa und in den USA hoch im Kurs. Der Autor und Publizist Günther Jacob[27] bemerkte dazu: »Viele weiße Kids identifizieren sich sogar besonders stark mit Bands wie *NWA*, die von der Mehrheit der Schwarzen abgelehnt werden. Der Schrecken der Verelendung wird zur Genusssache und damit banal und alltäglich« (Jacob 1993: 179). *Ice T* begegnet dieser Art von Ausbeutung, indem er eiskalt distanziert und zugleich provozierend eine

---

25  Brian Cross ist der Autor von »It's not about a Salary. Rap, Race and Resistance in Los Angeles«, s. auch Literaturhinweise.

26  *NWA* (Niggaz With Attitude) formierten sich 1986 in L. A. und waren eine der ersten und erfolgreichsten Gangsta-Rap-Formationen. Ihr Album »Straight Outta Compton« wurde aufgrund der Texte von öffentlichen Radio- und Fernsehsendern wie MTV boykottiert. Sogar das FBI schaltete sich ein, um die Platte wegen angeblichen Aufrufs zur Gewalt gegen die Polizei zu verbieten. Die daraus resultierende Publicity bescherte dem Album gigantische Verkaufszahlen. *NWA* lösten sich Mitte der 1990er Jahre aufgrund bandinterner Differenzen auf. 2015 erschien der Film »Straight Outta Compton«, der halbdokumentarisch die Ausgangssituation für den *Gangsta-Rap* der 1990er Jahre vor Augen führt, erzählt aus der Sicht der ehemaligen NWA-Mitglieder *Ice Cube* und *Dr. Dre*.

27  Günther Jacob befasste sich in den 1990er Jahren als Musikjournalist schwerpunktmäßig mit politischen Dimensionen populärer Musik und hat diverse Beiträge zum Thema ›HipHop‹ veröffentlicht.

Rolle einnimmt: »Was ich im Leben immer schon werden wollte, war – abgesehen davon ein DJ zu sein – ein Zuhälter. [...] Aber um ein guter Zuhälter zu sein, muß man auch seine eigene Superhure sein« (Ice T 1995: 60). In einer gespielten Rolle werden Verhaltensweisen legitim, die der persönlichen Überzeugung widersprechen können. Eine ›Superhure‹ identifiziert sich nicht unbedingt mit ihrem Tun – beziehungsweise im übertragenen Sinne mit ihren Rap-Texten – sondern gibt den Kunden, was sie wollen und verkauft sich dabei so teuer wie möglich. Im Idealfall dreht sie das Ausbeutungsverhältnis herum. HipHoppern, denen es um authentische Selbstdarstellung geht, ist diese Art Geschäft zuwider, und sie distanzieren sich von diesem Stil. Gangsta-Rapper und ihre heutigen Nachfolger bezeichnen sich jedoch häufig als ›Reporter‹, die über fatale Zustände, wie in »Straight outta Compton« von *NWA*, anschaulich und authentisch berichten:

> Straight outta Compton
> Another crazy-assed nigger
> For punks I smoke, yo, my rep gets bigger
> I'm a bad motherfucker and you know this
> But the pussy-assed niggers won't show this
> But I don't give a fuck
> I'm 'a make my snatch
> If not from records
> From jackin' a crowd
> It's like burglary
> The definition is jackin'
> But when I'm legally armed
> It's called packin'
> Shoot a motherfucker in a minute
> I find a good piece of pussy and go up in it
> (NWA zit. in Stanley 1992: 242f)

1987 setzten *Public Enemy* im HipHop neue Maßstäbe, sowohl in musikalischer als auch inhaltlicher Hinsicht. Sie gestalteten ihren Sound, indem sie Polizeifunk, Sirenen und Maschinengewehrsalven sampleten und warteten mit deutlichen politischen Statements auf. Diese Gruppe verschrieb sich explizit der politischen Agitation:

> Wir hatten eigentlich vor, ein Kommunikationsnetz im Land zu organisieren und eigentlich war unser Ziel bis zum Jahr 1992, 5000 schwarze Führer auszubilden, fähige Leute, die in der Lage sein würden, Verantwortung zu tragen und anderen etwas beizubringen. (Chuck D. zit. in Dufresne 1992: 49)

*Public Enemy* propagierte schwarzen Separatismus in der Tradition der *Nation of Islam*,[28] deren populärstes Mitglied neben dem Boxer *Muhammad Ali* der Bürgerrechtler *Malcolm X* war. Gleichzeitig waren sie aber auch eine Rap-Formation, die ihre Aussagen durch eine musikalische Fusion mit einer weißen Metal-Band, *Anthrax*, unterstrich:[29]

> Bass! How low can you go?
> Death row what a brother knows
> Once again, back is the incredible
> The rhyme animal
> The incredible D, Public Enemy number one
> Five-O said, ›Freeze!‹ and I got numb
> Can I tell 'em that I really never had a gun?
> But it's the wax that the Terminator X spun
> Now they got me in a cell 'cause my records, they sell
> 'Cause a brother like me said: ›Well …

---

28 Die *Nation of Islam*, gegründet 1930, ist eine politisch-religiöse Organisation der Schwarzen in Amerika. Wichtige Inhalte sind die Forderung nach einem eigenen Staat innerhalb der USA und Wiedereingliederungsprogramme für ehemalige Drogenabhängige. Als Zeichen des Identitätsverlustes durch die Sklaverei ersetzen viele Mitglieder ihre Nachnamen durch ein X, um nicht länger Namen der ehemaligen Sklavenhalter zu tragen. *Malcolm X* befürwortete zunächst die radikale NOI-Linie der Rassentrennung, sagte sich später jedoch davon los und wurde letztlich von Mitgliedern der NOI bei einer Rede im New Yorker Audubon ermordet.

29 Pioniere dieser Verbindungen waren *Run DMC*, die zusammen mit der Rock'n'Roll-Legende *Aerosmith* deren Hit »Walk this Way« neu aufnahmen. *Ice T* hatte eine eigene Metal-Band, *Body Count*.

> Farrakhan's a prophet and I think you ought to listen to
> What he can say to you, what you ought to do‹
> Follow for now, power of the people say,
> ›Make a miracle, D, pump up the lyrical‹
> Black is back, all in, we're gonna win
> Check it out, yeah y'all, here we go again
> Turn it up! Bring tha noize!
> Turn it up! Bring tha noize!
> (Public Enemy 1991: »Bring tha Noize (with Anthrax)«
> von der LP »Apokalypse 91... The Enemy Strikes Black«)

*Public Enemy* benutzten nach eigener Aussage die Medien Musik und Presse zur Verbreitung politischer Informationen über die Geschichte und die aktuelle Situation der in den USA lebenden schwarzen Amerikaner. Der ›Mastermind‹ der Band, *Chuck D.*, wies immer wieder auf Zusammenhänge hin, die zu den bestehenden Verhältnissen geführt hatten. Seine Argumentation führt weg von der schwarzen Verantwortung hin zum weißen, repressiv agierenden System:

> Wir haben von der westlichen Welt die Versklavung und die Diskriminierung erfahren, die heute in eine geistige Versklavung umgeschlagen ist. Wir spielen unsere Musik, und mit ihrer Hilfe zeigen wir unsere Forderungen: Das ist keine Provokation [...]. Wir haben Probleme mit der westlichen Welt, die sich zivilisiert nennt. Wir wissen, wie man dribbelt und tanzt und all diesen Unsinn. Jetzt wollen wir unseren Geist entwickeln. Wir wollen 360 Grad Effizienz, denn es gab eine Zeit vor der Sklaverei und dem Holocaust, da waren auch wir vollwertige Menschen. (Chuck D. zit. in Dufresne 1992: 50)

*Public Enemy* lösten mit ihren Texten einen neuen politischen Diskurs aus, und das nicht nur unter Rappern. Ihre Statements stießen bei den Hörern sowohl auf Begeisterung als auch auf Ablehnung. Viele reagierten verunsichert auf die separatistischen Forderungen, Aufrufe zum Black Nationalism und ihre Sympathien für die *Nation of Islam* (Toop 1992: 205). In seinem Buch »Yo! Rap Revolution« schreibt David Dufresne: »Von diesem Augenblick an ist der Rap nicht mehr der gleiche. Man versteht, daß man es mit einer anderen Sorte Musiker zu tun hat. Sie stehen über dem Niveau der anderen, sowohl was ihre Musik als auch ihre Philosophie betrifft« (Dufresne 1992: 50). Laut Günther Jacob sprengten *Public Enemy* mit ihren Inhalten den Rahmen des »Pop-Diskurses« (Jacob 1993: 200). Die Wucht des *Polit Raps* führte dazu, dass 1990 das FBI dem Kongress eine Studie über »Rap und seine Auswirkungen auf die nationale Sicherheit« vorlegen musste (Dufresne 1992: 110). Untersuchungsgegenstand dieser Studie waren neben anderen Rap-Formationen auch *Public Enemy*, *NWA* und *Ice T*. Unter dem Aspekt »Kunst kommt nicht von Können, sondern von Müssen« wies Jacob darauf hin, dass es noch nie zuvor in der Musik so viel Text pro Zeiteinheit gab, wie im HipHop (Jacob 1993: 181, 183). In erster Linie sind es formale Stilmittel, die sich als feste Bestandteile herauskristallisiert haben und *Rap* zu einem völlig eigenen Genre formten. Aber auch Masse und inhaltliche Aussage bestimmen den Unterschied zur Pop-Musik.

> *Danny Fresh:* Rap unterscheidet sich vom normalen gesungenen Song allein schon aufgrund der Textmenge. Wenn ich aus einem Rap-Song einen Vers rausnehme mit 16 Takten, ist da wahrscheinlich mehr Text drin als in einem durchschnittlichen kompletten Pop-Song. Die Wortspielereien, die Wichtigkeit der Reime ist auf jeden Fall komplett anders als in normaler Pop- oder Rockmusik. Man kann sagen: je krassere Doppelrhymes, desto besser der Rap-Text. Der Rhythmus ist immens wichtig, Vergleiche und Sprachspielereien genauso. Übertreibung ist auch ein extrem gebräuchliches Stilmittel. Sich selber auf's höchstmögliche Podest zu stellen und den anderen möglichst weit unterzubuttern – das kommt aus der Battle-Kultur. (2011)

Die MCs produzierten zunehmend virtuoser mit ihren Texten eigene Beats. Dazu wurde an einer immer differenzierteren Dynamik gefeilt, die den Rappern größere Sprachfertigkeiten abverlangte. Wortakrobatik wurde durch Mehrfachreime und markante bildhafte Vergleiche auf ein neues Level gehoben. In der ersten Hälfte der 1990er Jahre hatte *Rap* bereits ein unglaubliches Niveau erreicht, vor allem, was das Tempo anging. Zu dieser Zeit hielt auch die Form des ›Sprechgesangs‹ Einzug in populärere Musikrichtungen, allerdings zumeist auf einem wesentlich niedrigeren Niveau. Im HipHop wurde dann das hohe Tempo zugunsten einer Weiterentwicklung in Richtung ›Endlosschleife‹ reduziert. *Rap* oder *MCing* hat heute alle bis dato gängigen Versmaße verlassen und eine neue eigene Form hervorgebracht.

Im Zuge der weltweiten Verbreitung kristallisierte sich auch ein neues inhaltliches Charakteristikum, das »Realness«-Prinzip, heraus. Damit entstand, als Ergänzung zu den phantasierten Figuren »Badman« und »Trickster« ein weiterer Typus, der das Ziel verfolgt, sich selbst authentisch und realistisch darzustellen. Die Texte sind in der Ich-Form gehalten und haben oft autobiografische Inhalte.

> *Danny Fresh:* Der Realness-Faktor ist ganz entscheidend. Das ist, glaube ich, so ein wirkliches Ding, dass man dem Menschen das abkauft was, er da macht. Dass er sich in seiner eigenen Sprache äußert. Wenn ich einen guten Text höre, habe ich den Eindruck, dass jemand ganz normal am Tisch sitzt und mir auf kunstvolle Art und Weise seine Geschichte erzählt. (2011)

Der Anspruch eines MCs ist es, seine Inhalte so authentisch wie möglich dem Hörer nahezubringen. Dabei geht jedoch Form vor Inhalt.

> *Danny Fresh:* Ich sehe Rap auf jeden Fall als Perkussionsinstrument. Wenn du einen normalen Schlagzeugbeat hast, kannst du noch einen Beat mit Congas und Bongos daneben stellen, und jeder legt noch einen obendrauf. Du hast einfach ein großartiges rhythmisches Pattern, das da abgeht. Da ist Rap in erster Linie Rhythmus. Und das ist ja auch das, warum Flow so eine immense Rolle spielt. (2011)

Rap-Genres splittern sich, je nach Aussage und musikalischer Prägung, immer weiter auf. Wenn man auf die Entwicklung der Kategorien blickt, fällt auf, dass sie nach inhaltlichen Aussagen benannt sind, formal aber dem etablierten Muster folgen – und offensichtlich nach dem Diskursprinzip entstehen: Um 1988 kam als Gegengewicht zu dem aggressiven *Polit Rap*, vertreten durch *Public Enemy*, eine Strömung auf, die als *Native Tongues* bezeichnet wird. Ihre Vertreter legten mehr Wert auf intellektuelle Inhalte und Spiritualität als auf politische Härte und Männlichkeit. Analog zum Inhalt wurde hier der Rap-Stil wieder weicher und die Samples melodiöser. Wichtige Repräsentanten waren *A Tribe Called Quest*, *De la Soul*, *Jungle Brothers* und *Arrested Development*.

Die Urform *Playing the Dozens* ist heute formal bis in kleinste Details ausgearbeitet, und auf der ganzen Welt wird in allen erdenklichen Sprachen und über sämtliche Belange gerappt. Im Grunde genommen entstand eine einzige große Diskussion, ein Meinungsaustausch und ein Sich-zu-Wort-melden. Kommerziell hat sich, wie bereits in den 1990er Jahren abzusehen war, der Zweig des *Gangsta Rap* am stärksten durchgesetzt und sorgt leider so für ein zum Teil sehr negatives Bild von *Rap* und HipHop in der Öffentlichkeit. Szeneintern grenzen sich HipHopper heute von kommerziellen oder inhaltlich inakzeptablen Formen ab, indem sie diese als »Rap« und nicht mehr als HipHop bezeichnen. Neben den Giganten im Rap-Business gibt es unzählige MCs, die sich im kleineren Rahmen inhaltlich und formal sehr anspruchsvoll äußern und sich Gehör verschaffen. Auch wenn sich diese Versionen nicht halb so gut verkaufen wie die Gangsta-Variante und daher nicht so im Fokus der öffentlichen Aufmerksamkeit stehen – auch diese Rechnungen gehen auf.

# Attitudes

*Im HipHop versteht sich jeder als Rolemodel.*
*Man sieht sich in einer Kontinuität.*

GONZ

HipHop beinhaltet nicht nur Musik und verschiedene Kunstgenres, sondern schließt auch bestimmte Einstellungen und Verhaltensweisen ein, die oft als ›Attitudes‹ bezeichnet werden. *Chuck D.*, *Ice T* und *KRS-One*,[30] die als MCs ihren persönlichen Stil geprägt haben, haben auch aufgrund ihres sozialen und politischen Engagements besonderen Vorbild-Charakter. Viele Grundhaltungen werden durch die große HipHop-Organisation *Universal Zulu Nation* repräsentiert. Das Beispiel des Gründers der *Zulu Nation*, *Afrika Bambaataa*, zeigt, welche Lücke HipHop in den USA füllt: Ab 1968 wurde der organisierte schwarze Widerstand, die politisch linksgerichtete *Black Panther*

---

30  *KRS-One* lief mit 13 Jahren von zu Hause weg (Dufresne 1992: 65) und gelangte als Obdachloser von Brooklyn in die Bronx (Christoph 1995: 39). Dort lernte er 1984 den Sozialarbeiter *Scott la Rock* kennen, der ihn zum HipHop brachte und mit dem er seinen ersten Underground-Hit »Success in the World« landete (Dufresne 1992: 66). *KRS-One* ist der Verfasser der »Hip Hop Declaration of Peace« der *Universal Zulu Nation*.

*Party of Selfdefense*,[31] durch das »Counter Intelligence Programm« (Cointelpro)[32] des FBI unterwandert und letztlich zerschlagen. Eine Folge war die Organisation zahlreicher Schwarzer in Gangs, die ihren Mitgliedern Sicherheit einer loyalen Gruppe boten. Da diese jedoch oft verfeindet waren, ereigneten sich immer wieder Bandenkämpfe, die die schwarze Community insgesamt eher schädigten und deutlich schwächten. *Afrika Bambaataa* war bereits im Alter von zwölf Jahren als Mitglied der New Yorker »Black Spades« in Gangaktivitäten verwickelt. 1975 wurde ein Freund im Verlauf eines Bandenkampfes vor seinen Augen erschossen. Dies löste eine tiefere Auseinandersetzung in ihm aus, und er erkannte, dass der Schutz einer Gruppe gegen die feindliche Außenwelt für viele überwog und deshalb Gangs, trotz hoher Gefahr, zu einer Option werden ließ:

> Die Black Spades hatten eine Einigkeit, die ich nirgendwo anders finden konnte. Ich war in vielen Gangs, aber nur die Black Spades hatten diese Einigkeit untereinander. Die Gang war wie eine Familie. Du lernst, wie du dich in den Straßen von New York zu bewegen hast. Wenn es keine Jobs für Jugendliche gab, nichts lief in den Community Centres, unternahmen die Gangs etwas. Wenn die Gangs, entschuldige bitte den Ausdruck, die Kacke zum Dampfen brachten, kam die Regierung erst auf die Idee, einen vorbeizuschicken, der mit dir redet, oder Geld auszugeben, um die Gangs zu beruhigen. Amerika ist auf Gewalt aufgebaut und Amerika hört nur hin, wenn jemand mit Gewalt antwortet. (Afrika Bambaataa zit. in Toop 1992: 70f)

---

31 Die *Black Panther Party of Selfdefense*, so der ursprüngliche Name, formierte sich 1966 nach der Ermordung von *Malcolm X* (1965), um dessen Linie weiter zu verfolgen. Die Folgen der Unterwanderung durch das FBI führten spätestens 1971 zur nachhaltigen Spaltung, die Partei selbst wurde 1982 aufgelöst.

32 Offizielles Programm des FBI zum Erhalt der Nationalen Sicherheit, durchgeführt von 1956–1971. Bürgerrechtsbewegungen aller Art wurden verdächtigt, wie die *Black Panther Party*, die *NAACP* (National Association for the Advancement of Colored People). Sogar *Martin Luther King jr.*, Protestler gegen den Vietnamkrieg und Vertreterinnen der Frauenbewegung gerieten ins Visier des FBI.

Letztendlich verließ *Afrika Bambaataa* die »Black Spades«, um seinem Leben eine neue, positivere Orientierung zu geben (Dufresne 1992: 25). Anfang der 1960er Jahre sah er den Film »Zulu«[33], und der inspirierte ihn zur Gründung einer Gemeinschaft, die friedlich für die eigenen Belange eintritt: »Ich bekam die Idee der Zulu-Nation, als ich den Film Zulu mit Michael Caine sah. [...] Da dachte ich mir, ich wünschte, ich hätte auch eines Tages eine Zulu-Nation« (op cit.: 70). Er wünschte sich eine Umwandlung des destruktiven Verhaltens seiner Leute in eine konstruktive, künstlerische Auseinandersetzung. Nachdem er die »Black Spades« verlassen hatte und als DJ seine erste Crew formieren konnte, nannte er diese *Zulu Kings* und *Queens*, woraus später die *Universal Zulu Nation*[34] wurde. Die positiven Lebenskonzepte und Anspruchshaltungen des HipHop wurden in erster Linie von ihm aufgrund seiner Erfahrungen als ehemaliges Gangmitglied initiiert. Mitglieder der *Zulu Nation* bekamen die Aufgabe, HipHop-Inhalte in anderen Städten zu verbreiten und dort neue Abteilungen zu gründen. Anfangs waren die Posten der Zulu-Anführer in den einzelnen US-Städten oder Bundesstaaten immer von Breakern, den ersten Repräsentanten der DJs besetzt (Toop 1992: 72f). Die *Zulu Nation* war in den 1990er Jahren unter HipHoppern weltweit, besonders stark auch in Europa, verbreitet. Ihre Mitglieder sprachen sich vor allem gegen Rassismus, Gewalt und Drogen aus und traten für positive Lebenskonzepte, wie gegenseitige Hilfe, Respekt und mehr Bildung ein. Letztgenannte Faktoren gehören zu den Hauptkriterien, die bislang den Fortschritt nicht-weißer Bevölkerungsgruppen weltweit, besonders auch den der Schwarzen in Amerika, verhindert haben.

In den 1990er Jahren, also 30 Jahre nach der schwarzen Bürgerrechtsbewegung, musste man in den USA ernüchtert Bilanz ziehen. *Martin Luther King jr.*, *Malcolm X* und später auch die *Black Panther Party* hatten mit der Durch-

---

33 Gezeigt wird der Machtkampf zwischen Zulu-Kriegern und britischen Besatzern. Die Zulus verteidigen ihr Land gegen die Weißen, scheinen aber zu unterliegen. Als sich die Weißen siegreich glauben, schwenkt die Kamera auf einen Berg, auf dem Tausende von Zulu-Kriegern die am Ende doch unterlegenen Briten erwarten. Der Film endet mit der Freilassung und Verschonung der Weißen durch die (taktisch und moralisch) überlegenen Zulus, die die Briten obendrein noch in Gesängen als gute Krieger preisen.

34 Auf der Homepage der *Zulu Nation* wird der 12. November 1973 als ›Geburtstag‹ der *Universal Zulu Nation* angegeben und der 12. November 1974 als ›Geburtstag‹ der HipHop-Kultur. Mitglieder der Kultur feiern den gesamten November als *HipHop History Month*. www.zulunation.com/hip-hop-history/ (unter: HipHopHistorymonth, abgerufen am 19.7.2015)

setzung grundsätzlicher Forderungen, wie der Gleichstellung Schwarzer und Weißer vor dem Gesetz und der gesetzlichen Aufhebung der Rassentrennung den Boden für eine fortschrittliche Weiterentwicklung und Verbesserung der schwarzen Bevölkerung bereitet. Die republikanischen Präsidenten Ronald Reagan und George Bush beförderten jedoch durch einen Rechtsruck das politische Klima wieder in den vorbürgerrechtlichen Zustand zurück. Nach zehnjähriger Reagan-Administration lebte bereits 1990 ein Drittel der afroamerikanischen Gesellschaft unterhalb der offiziellen Armutsgrenze (und auch heute liegt »die Armutsquote der afroamerikanischen Bevölkerung [...] mit 25 Prozent fast doppelt so hoch wie der nationale Durchschnitt«).[35] Ihr durchschnittliches Einkommen lag 60 Prozent unter dem der weißen Amerikaner. Einsparungen im Bildungssektor führten dazu, dass nur noch 39 Prozent aller schwarzen amerikanischen Jugendlichen, die überhaupt einen Highschool-Abschluss hatten, anschließend ein College oder eine Universität besuchen konnten. Die Arbeitslosenquote der 16- bis 19-jährigen lag bei 33 Prozent (Kleffner 1990: 48). Weitere Kürzungen im Sozialbereich trieben die Kindersterblichkeit in Höhen, die man sonst nur in sogenannten Entwicklungsländern der Dritten Welt finden konnte. In Deutschland berichtete das Nachrichtenjournal »Der Spiegel« mehrfach über die »Demontage des amerikanischen Sozialstaats« (Widmann 1995: 168). Die Statistik besagte, dass – auch aufgrund von Bandenkämpfen – die Chancen eines afroamerikanischen Mannes, »das 30. Lebensjahr zu erreichen, geringer sind, als die von Jugendlichen in Bangladesch« (Matussek 1994: 163).

Die *Zulu Nation* und mit ihr der Ostküsten-Old School-inspirierte HipHop richtete sich gegen alles, was die schwarze Community zerstört, sowohl von innen (Drogenkonsum, Bandenkämpfe, Black-on-Black-Violence und schwarzer Selbsthass) als auch von außen (Rassismus, Polizeigewalt, Gesetzgebung). Zahlreiche HipHopper sympathisierten in den 1990er Jahren mit der »Nation of Islam« (NOI). Es wurden Ausschnitte aus Reden des NOI-Chefs *Louis Farrakhan* gesampled oder sich auf ihn bezogen. *Afrika Bambaataa* gilt als Anhänger und Unterstützer der »Nation of Islam«, der Islam ist die offizielle Religion der *Zulu Nation*. *Bambaataa* tritt für alle Ideen ein, die die Black Community verei-

---

35  Zeit online: www.zeit.de/2014/25/civil-rights-act-rassentrennung (aufgerufen am 30.12.2015).

nen und zusammenhalten können und sagte selbst über seine Mitgliedschaft in der »NOI«:

> [...] später, als die Gangs verschwanden, beschloß ich mich der Nation of Islam anzuschließen. Das hat mich sehr verändert. Es brachte mich dazu, die Leute zu respektieren, selbst wenn sie uns nicht mochten, weil wir Moslems sind. Die Nation of Islam tut Dinge, die Amerika schon seit einer ganzen Weile versucht: Leute von der Straße holen und ihnen helfen, clean zu werden, sie zu rehabilitieren, also genau das, was das Gefängnissystem nicht kann. (Afrika Bambaataa zit. in Toop 1992: 72)

/// VON DER COMMUNITY FÜR DIE COMMUNITY. HipHop stellt mit seinem Ehrenkodex, vor allem mit dem Aufruf zu gegenseitigem Respekt (und in den 1990er Jahren noch mit ›Represent!‹ zur Einigkeit) ein Regelwerk des sozialen Zusammenhalts von der Community für die Community bereit. Viele Hip-Hopper verstehen sich als direkte Vorbilder, ›Rolemodels‹, für ihre Nachfolger. Sie übernehmen Verantwortung und versuchen, Kindern und Jugendlichen Perspektiven aufzuzeigen, ihren Platz und Orientierung im Leben zu finden. Das New Yorker Breakerpaar *Rokafella* und *Kwikstep* sieht darin eine seiner Hauptaufgaben. Seit mehr als zwei Jahrzehnten unterrichten die beiden in ihrer Dance Company *Full Circle* Jugendliche in Community Centren, wie zum Beispiel »The Door«:[36]

> *Rokafella:* There has to be hope for the kids. Hope for financial and for physical stability. When they look at us they have to see that it's possible for them, too. That's the big deal. (2011)

Laut *Chuck D.* gehört die Verbreitung von Informationen zu den maßgeblichen Aufgaben des HipHop. Er sieht *Rap* als eine Art ›Einführungsveranstaltung‹,

---

[36] »The Door« ist eine Organisation, die New Yorker Jugendlichen unter dem Aspekt der Chancengleichheit umfassende Unterstützung bietet. Service und Empowerment reichen von kostenloser medizinischer Hilfe über Unterkunftsmöglichkeiten für Wohnungslose bis hin zu Freizeit- und (Aus)Bildungsprogrammen und konkreten Hilfeleistungen bei behördlichen Belangen.

in der weiße Hörer zum ersten Mal nicht von Weißen etwas über schwarzes Bewusstsein und schwarze Geschichte erfahren, sondern in welcher die Schwarzen über sich selbst berichten (Hüetlin und Matussek 1994: 58f). *Rokafella* hält mittlerweile Vorträge an Universitäten über HipHop oder spricht im »Department of Women's Studies« über ihre Karriere. *Kwikstep* stellt am eigenen Beispiel heraus, wie wichtig es ist, dass Nicht-Weiße über sich selbst von Nicht-Weißen informiert werden und wie notwendig Organisationen wie die *Zulu Nation* und *Full Circle* bis heute in den USA sind:

> *Kwikstep:* Beyond the loud music, beyond the loud people was something that had a lot of content. And that content saved my life. I learned from Zulu Nation that I have African roots. That I have an Afro-Caribbean soul and body. It was hard for me because I am not dark enough for the blacks and I am not light enough for the whites. That's why I love Zulu Nation. It was not called Black or Latin Nation, but Universal Zulu Nation, because it was for everybody. Afrika Bambaataa realized that. And that's what I live in my spirit. Skill has no color. But allows the truth to come to the surface. About being that way as a teacher is to show young students what saved me can also save them. I have a company called Full Circle Productions. And just the name itself, Full Circle, is to include everybody. I try to include all the kids and make it possible for them to learn anything they wanna learn. (2011)

*KRS-One* begreift sich ebenfalls als Lehrer und prägt in diesem Zusammenhang innerhalb der HipHop-Kultur den Begriff »Edutainment«. Er sieht seine Aufgabe in der Aufklärung seiner schwarzen und weißen Hörer über die afro-amerikanische Geschichte und die Notwendigkeit zur Reformierung des Bildungssystems in den USA. *S*eine Erkenntnisse verbreitet er nicht nur in Rap-Texten, sondern auch seit den frühen 1990er Jahren in Zeitungen, zum Beispiel in einem Leitartikel der »New York Times« und hält an amerikanischen Universitäten als Gastprofessor Vorträge über schwarze Geschichte und das amerikanische Bildungssystem (Dufresne 1992: 69). Er war der Gründer zweier namhafter sozialer Projekte: der »Stop the Violence«-Bewegung, einer Organisation, die Solidarität der Schwarzen untereinander durch konkrete Hilfeleistungen und gegenseitige Bildung fördern sollte, und des Projekts »Human Education Against Lies – H.E.A.L.« Letztgenanntes verfolgt das Ziel, die allgemeine Geschichtsschreibung unter Verzicht auf Interpretationen aufzuarbeiten und auf konkrete Fakten wie Jahreszahlen zu reduzieren. Damit soll eine Basis für Respekt gegenüber allen Völkern bereitet werden (Dufresne 1992: 72). Auch *Chuck D.* machte den politischen Einfluss von HipHop über die Grenzen der USA hinaus geltend:

> Hip Hop ist unser letzter Hilferuf, er gibt jungen Schwarzen eine Identität, und er ist in den letzten Jahren wichtiger geworden: Er ist die einzige authentische, laute Stimme, die die schwarze Kultur hervorgebracht hat. Heute können sich die Unterdrückten auf der ganzen Welt mit Rap identifizieren. (Chuck D. zit. in Hüetlin und Matussek 1994: 57)

/// ABSICHERUNG DER KULTUR. Die New Yorker HipHop-Initiatoren waren Angehörige marginalisierter, zumeist nicht-weißer Bevölkerungsgruppen. Es gelang diesen Jugendlichen, sich mit wenigen zur Verfügung stehenden Mitteln einen ureigenen Bereich zu erschließen. Dabei schufen sie – wieder einmal – ein neues, spektakuläres künstlerisches Genre, dessen sich die tonangebenden, in der Regel weißen Gesellschaftsschichten wie selbstverständlich bedienen und Profit daraus ziehen wollten. Dies war jedoch schon so oft passiert, dass die Erfinder dieses Mal äußerst wachsam waren und ihre Kultur bewusst vor einer Übernahme durch Außenstehende schützten und für sich absicherten.[37] In den 1990er Jahren erschienen HipHopper Außenstehenden oftmals als misstrauische, unzugängliche Charaktere, denen man erst einmal beweisen musste, dass man zu ihnen gehörte oder sich mit ihnen solidarisierte,

---

[37] Dies zeigt sich besonders im amerikanischen *Rap*, der ausschließlich von schwarzen Amerikanern der HipHop-Generation verwendbar ist. Allein durch den Gebrauch des ›N-Wortes‹ als Selbstbezeichnung von Rappern werden Weiße ausgeschlossen, denn sie können die meisten Texte nicht einmal mitrappen, ohne beleidigend und rassistisch zu sein. Weil es sich um eine abwertende Zuschreibung und ein erniedrigendes Schimpfwort weißer Sklavenhalter handelt, finden jedoch auch viele Schwarze außerhalb der HipHop-Community diese Verwendung, gerade auch als Selbstbezeichnung, völlig inakzeptabel. Da Schwarze bis heute für ihre Gleichberechtigung kämpfen, gehört dieses Wort für die meisten komplett aus dem Wortschatz – und damit hoffentlich auch irgendwann aus dem Bewusstsein – gestrichen.

bevor man überhaupt irgendwelche Auskünfte über einzelne HipHop-Disziplinen oder kulturelle Hintergründe bekam. Die folgende Gesprächspassage zwischen *Klown*, *Rokafella* und mir verdeutlicht ein weiteres Mal, wie dramatisch sich die Situation der HipHopper in den USA darstellt und wie wichtig es ist, dass sie die Kontrolle über die Dinge behalten, die sie geschaffen haben. Bei der Konstruktion des Misstrauens gegenüber unbekannten Personen spielt die traumatische Erfahrung einer Enteignung eigener kultureller Leistungen ganz offensichtlich eine wichtige Rolle. Darüber hinaus lassen sich Parallelen zur Sklavendeportation aus Afrika ziehen. Als ich *Klown* und *Rokafella* fragte, ob die skeptische Haltung gegenüber Nicht-Mitgliedern der HipHop-Kultur auf der Erfahrung einer ›Wegnahme‹ und der Angst vor einer Wiederholung basieren könnte, wurde dieser Aspekt ausdrücklich thematisiert:

*I:* Let me ask you one question: I always wonder, like you said you were growing up with HipHop, it was always there –
*Klown:* Yeah.
*I:* I always find you people being so concerned about HipHop. Trying to keep up the history, holding on to the history ... My question is: If it was always there, if you grew up with it, why do you seem to be so anxious to lose it?
*Rokafella:* It happened to us before!
*Klown:* What's in that question is that Rap is a little more organized [than in] the times of the Blues, because they have more power, fire power these days. Back then, there was the segregation, there was slavery, there were things that were going on and people didn't have the power, the tools to mess with. Things were just taken from them! Whether they liked or not! But these days it is harder for others to pull somebody who is doing HipHop off direction. But even the Rappers are still not really making the money they are supposed to make. All these people are supposed to be rich! [...]
*Rokafella:* So that's why. That's why we are where we are. That's why we have to go through every deal. But you ask: Why is it that we are always so like ›Oh! Keep the history!‹

*I:* Exactly. Or Old School. Whatever.
*Rokafella:* Ok. You ask »What happened with Rock'n'Roll?« – That's myself! »What happened with slavery?« – It's myself! »What happened with B-Boying? Tap Dance?« All the stuff that we created got stolen! So we have a right, we have a right to be this sceptical! (1997)

Hier wird der Unterschied zwischen Repräsentation und Enteignung sichtbar. »Represent!« lautete eine der wichtigsten Aufforderungen der HipHop-Kultur in den 1990er Jahren. Außenstehende sollten alle Leistungen von HipHoppern öffentlich anerkennen und deutlich benennen – also der Kultur Respekt geben. Für HipHopper selbst hieß das, in der Öffentlichkeit nicht nur auf die eigene Person zu verweisen, sondern immer auch die Kultur, also die unterstützende Gemeinschaft oder ihre Initiatoren zu würdigen. ›Enteignung‹ hingegen ist ein inakzeptables Verfahren, das man sich nur aus einer wesentlich überlegeneren Position heraus erlauben kann und dem jeglicher Respekt fehlt. Im HipHop wird der geistige Diebstahl von Ideen *Biting* genannt und ist absolut verpönt. Wer zum Beispiel dabei enttarnt wird, dass er Tanz-Moves ungefragt übernimmt und als eigene Erfindung ausgibt, hat seinen Ruf verspielt.

*///* POLITISCHE WIRKUNG VON HIPHOP IN DEUTSCHLAND. In Deutschland wurde HipHop im großen Stil von Einwandererkindern, schwarzen Deutschen, Weißen, die sich von bestehenden Verhältnissen abgrenzen wollten und mit breiter Unterstützung durch Jugendzentren aufgenommen. Der Mannheimer *Graffiti Writer Gonz* kam im Alter von drei Jahren aus Chile mit seinen Eltern nach England und mit 13 Jahren nach Deutschland. Er fand im HipHop ein Aktionsfeld und einen Platz, an dem er Fuß fassen und an die neuen Gegebenheiten in einem fremden Land andocken konnte.

*Gonz:* Wenn man im Ausland, also nicht in seiner Heimat lebt, braucht man eine neue Sprache, eine neue Kulturbasis, auf der man anfangen und sich neu formieren kann oder sich als Kind auslebt. Als Hobby, als Tätigkeit, als Leidenschaft. Insofern war die HipHop-Kultur für mich sehr stark, hat mich sehr verändert. (2011)

An seinem Beispiel lässt sich gut nachvollziehen, wie HipHop passend für die Verhältnisse in Deutschland angenommen wurde: HipHop wurde und wird bis heute von vielen als eine Chance auf einen Neustart gesehen. Alle fangen quasi bei Null an. Eigenschaften wie Hautfarbe, Sprachkenntnisse, Herkunft – in der Regel Ausschlusskriterien der weißen deutschen Aufnahmegesellschaft – sind hier irrelevant. Was zählt, ist, wie man sich anderen gegenüber verhält, was man macht, was man kann und wie man es rüberbringt.

> *Gonz:* HipHop [in Deutschland] ist eine Fusion aus verschiedenen Kulturen und entstand dadurch, dass Menschen aus unterschiedlichen Ländern aufeinander getroffen sind und sich kennengelernt haben. Politisch war es, weil es ein neues Mischen der Karten war. Bei Individuen, bei Persönlichkeiten, die sich lösten von ihrem alten ›Ich bin deutsch, ich bin Jugoslawe, ich bin Grieche, ich bin Ägypter und ich höre nur ägyptische Musik‹. Alle haben was Neues gemacht. (2011)

Anhängern der HipHop-Kultur in Deutschland ist oftmals gemeinsam, dass sie sich keiner bereits existierenden Kultur eindeutig zugehörig fühlen oder sich mit ihr identifizieren können, weil zu große Diskrepanzen zwischen formaler Staatsbürgerschaft und echter Akzeptanz bestehen. In dem Stück »Fremd im eigenen Land« von *Advanced Chemistry* wird genau dieses Missverhältnis ausgedrückt:

> Dies ist nicht meine Welt, in der Hautfarbe und Herkunft zählt,
> der Wahn vor Überfremdung politischen Wert erhält.
> Mit Ignoranz jeder Hans und Franz sein Urteil fällt,
> Krach macht und bellt, sich selbst für den Fachmann hält.
> Ich bin erzogen worden, die Dinge anders zu sehen,
> hinter Fassaden blicken, Zusammenhänge verstehen,
> mit Respekt direkt zu jedem Menschen stehen,
> ethische Werte, die über nationale Grenzen gehen.
> Ich hab 'nen grünen Paß mit 'nem goldenen Adler drauf,
> doch bin ich fremd hier.

> Nicht anerkannt, fremd im eigenen Land.
> Kein Ausländer und doch ein Fremder.
> Fremd im eigenen Land, nicht anerkannt.
> Nicht anerkannt im eigenen Land
> (Advanced Chemistry 1990: »Fremd im eigenen Land«)

Entscheidend ist, in einer Gesellschaft, die Menschen aufgrund bestimmter Merkmale (wie beispielsweise sozialer Hintergrund, Herkunft oder Hautfarbe) ausgrenzt, handlungsfähig zu bleiben oder wieder zu werden. Hier greift die Aufforderung von *James Brown* »Get up, get into it, get involved«. Dies ist eine wesentliche Voraussetzung, eine eigene Persönlichkeit auszubilden und sich an dem Ort, an dem man lebt, zu verankern, zu bestehen und sich zuhause zu fühlen. HipHop ist eine Kultur der Macher. Auch Zuschauer und Fans gehören zur Kultur, schließlich braucht ein Künstler auch sein Publikum. Die Regel ist jedoch, dass sich tatsächlich jeder im HipHop seine Aktivitäten sucht und die Akteure gleichzeitig auch Publikum sind. Für jeden findet sich ein passendes Betätigungsfeld, und jeder hat die Möglichkeit, ein vorzeigbares Ergebnis zu schaffen und seine Fähigkeiten herauszuarbeiten.

> *Gonz:* Ich habe, glaube ich, meine Umgebung, meine Freunde und mein Leben um mich herum ändern können, indem ich einfach zusammen mit anderen aktiv war. Es ging darum, dass wir uns verändert haben, dass wir entdeckt haben ›Man, ich bin doch frei! Ich bin kein mentaler Sklave hier in dieser Gesellschaft. Ich kann mich entfalten. Ich kann einen politischen Standpunkt haben als Migrant. Warum sind die Dinge so? Warum musste ich abhauen aus meinem Land? Warum ist bei uns Krieg?‹ (2011)

Viele HipHopper sind in verschiedenen Rubriken gleichzeitig aktiv. Auch *Gonz* übte zu Anfang mehrere Disziplinen aus, bevor er sich ausschließlich auf die Malerei konzentrierte. Wichtig ist, über die reine Tätigkeit hinaus, jedoch auch immer die Einheit und der Zusammenhalt als Gruppe.

> *Gonz:* Ich habe bestimmt, bis ich 30 war, immer noch getanzt. Und ich habe auch Geld für Auftritte bekommen, aber das war immer im Zusammenhang mit den anderen Elementen, das heißt mit Graffiti, mit Musik machen. Eigentlich war es wichtiger, die Szene zu treffen, dieser ganze kulturelle Aspekt. Denn im Endeffekt hat es die Power von allen Elementen zusammen zu dem gemacht, was es ist. Nämlich, dass es sich weltweit verbreitete und so viele Leute Zugang gefunden haben. (2011)

HipHop entstand aus der Konzentration auf die schönen Dinge im Leben wie Musik und Tanz und aus der Kraft und Lebensfreude, die man daraus ziehen kann. Die Kultur wurde nicht wie ein politisches oder soziales Programm funktional entwickelt. Da HipHop nur durch Mitglieder der Kultur selbst glaubwürdig vermittelbar ist, sind die Inhalte von Außenstehenden nicht einsetzbar oder gegen den Willen der HipHopper zu instrumentalisieren. Dies mussten Pädagogen und Linke erfahren, auch wenn sie in guter Absicht handelten und das Potential von HipHop durchaus erfasst hatten. Lehrer hätten sich lächerlich gemacht, wenn sie versucht hätten, ihren Schülern rappen oder tanzen beizubringen. Sie gingen deshalb sehr schnell dazu über, HipHopper in AGs oder Workshops zu beschäftigen.

> *Freeze La Roc:* Wir holen die Kinder von der Straße! [Durcheinanderreden, Gelächter] Ich weiß, es klingt klischeehaft, aber staatliche Kampagnen wie »Keine Macht den Drogen«[38] – das interessiert doch hier niemanden! Zum Beispiel ein 15-, 16jähriger Türke oder Deutscher – ganz egal – aus dem Hemshof oder von der Schönau? Der bricht zusammen! Der bricht zusammen vor Lachen! Eine Kampagne mit Jürgen Klinsmann! Nichts gegen den Kerl, aber solche Programme betreffen die gar nicht! Wenn man die Leute irgendwie erreichen will, dann geht das vielleicht nicht nur mit HipHop, aber es muss eine andere Vorbildfunktion sein. (1997)

---

38 Kampagne der Bundesregierung in den 1990er Jahren, die besonders auf prominente Sportlerinnen und Sportler als positive Vorbilder setzte.

Viele Kids nehmen HipHop-Angebote bis heute sehr gern an, weil sie von Vorbildern aus der eigenen Gruppe lernen. Die meisten HipHopper wehren sich strikt gegen jegliche Übernahme ihrer Ausdrucksformen. Immer wieder offenbaren sich empfindliche Reaktionen auf eine Wegnahme oder Zweckentfremdung, und so kam es auch zur Verweigerung, als *Rap* von Linken als politisches Instrumentarium eingesetzt wurde, obwohl sich inhaltlich durchaus Übereinstimmungen ergaben.

*Freeze La Roc:* Was diese ganzen linken Brüder jetzt hier machen, die haben das, was in erster Linie das HipHop-Ding ausmacht, übersehen. In erster Linie ist HipHop ein Lebensgefühl und der Spaß an der Musik, sich darzustellen und was Kreatives zu machen. Das Schlimme ist, dass die Leute sich den HipHop genommen haben, um ihr eigenes Ding weiter zu bringen. (1997)

Auch eine reine Übernahme von HipHop nach amerikanischem Vorbild wurde in den 1990er Jahren viel kritisiert. Anfangs musste der neue Trend aus den USA natürlich kopiert und sich so in seinen Grundzügen angeeignet werden. In der Entwicklung zu einer globalen Kunstform war es ganz entscheidend, vor allem formale Vorgaben originalgetreu als unabänderliche kulturelle Bestandteile von HipHop zu akzeptieren.[39] Es wurde jedoch schnell deutlich, dass es nicht passte und obendrein verschenktes Potential war, HipHop einfach aus seinen Zusammenhängen in den USA zu nehmen und wie ein feststehendes Programm im Verhältnis 1:1 nach Deutschland zu übertragen. HipHop bietet die Möglichkeit, vor allem politische und sozialkritische Inhalte den unterschiedlichsten Verhältnissen der jeweiligen Länder anzugleichen. So begannen nicht nur MCs außerhalb der USA in ihrer jeweiligen Sprache zu rappen, auch in den übrigen Disziplinen entwickelten Anhänger der HipHop-Kultur weltweit kontinuierlich eigene Stile.

---

39 Manche Kennzeichen von HipHop sind direkt aus den USA übernommen und überall gleich, egal ob sie exakt in einen neuen lokalen Kontext passen oder nicht. *James* erklärt die Battles: »Das war schon immer so. Gangs haben untereinander immer Streit gehabt [...]«. Auch die Namensgebung erfolgt nach amerikanischem Vorbild. *Freeze La Roc* bezeichnet seinen Namenszusatz als »ein typisches New York-Ding«. (1997)

Heute, fast 20 Jahre nachdem *Freeze La Roc* eine direkte politische Ausrichtung von HipHop verneinte, lässt sich im Rückblick erkennen, dass die Kultur nicht nur in den USA, sondern auch in Deutschland und anderen Ländern über explizite Textaussagen hinaus sehr wohl politisch wirksam wurde: Alle Formen entwickelten eigene Schwerpunkte und Wertesysteme und sicherten diese konsequent für sich ab. Im anschließenden Kapitel »Graffiti« wird deutlich, dass Außenstehende sogar demonstrativ ausgeschlossen werden können. Das Selbstbewusstsein und die Selbstverständlichkeit, mit der HipHopper öffentliche Bereiche (auch) für sich beanspruchten, brachte ihnen zum einen großen Respekt von außen ein, provozierte aber auch viele, was einen Machtkampf bis hin zur Kriminalisierung von HipHop-Inhalten zur Folge hatte.

# Graffiti/ Writing

*Der Buchstabe muss tanzen.*
*Der muss eine Dynamik haben wie ein Tänzer.*

MIKE

Seit Urzeiten versuchen Menschen, sich mit geschriebenen oder gemalten Botschaften an Häusern, Kulturdenkmälern und – profaner – an Toilettenwänden, oder durch eingeritzte Namen in Bäumen und Schulbänken, zu verewigen. *Graffiti* sind Bilder im Außenraum und gelten als eigenständiges Kunstgenre. In der Dordogne entdeckte man in der Höhle von Lascaux mehr als 15000 Jahre alte Malereien. Die Bilder und Symbole geben Aufschluss über ein menschliches Grundbedürfnis nach Mitteilung, Kommunikation und Manifestierung der eigenen Identität, auch über den eigenen unmittelbaren Wirkungsradius hinaus. Dieses Bedürfnis wird auch in den *Graffiti* des 20. und 21. Jahrhunderts deutlich. Der frühe HipHop-Graffiti[40] war ein spontaner, energetischer und lebendiger ›Malstil‹, dem immer etwas Illegales und deshalb schnell Ausgeführtes anhaftete. Die Motive wurden, oftmals unter großem Risiko, mit Sprühfarbe an Zügen, Betonmauern, in Unterführungen oder an besonders unzugänglichen und gut bewachten Stellen angebracht. Das Repertoire reichte vom *Tag*, dem mit Filzstift geschriebenen Namenskürzel, bis hin zu großformatig gesprühten, dreidimensionalen, comicartigen Wandbildern und den für die 1970er Jahre so charakteristischen vollständig bemalten Zügen. In dieser Ausdrucksform offenbart sich der ästhetische Anspruch von HipHop: Die reale triste, graue Welt soll verschönert werden. Da die Außenwelt nicht tolerierte, dass ihr öffentliches Eigentum ungefragt als Malfläche diente, waren *Graffiti* eine riesige Provokation. Ihre Urheber mussten anonym bleiben. Wurden sie gefasst, drohten empfindliche Strafen.

Durch die spezifische künstlerische Gestaltung sowie der Wahl ihrer Bildträger stellen *Graffiti* eine Vereinnahmung öffentlichen Raumes dar. ›Space‹ (dt.: Raum, Platz) ist demnach eine wichtige Vokabel im Graffiti-Jargon, Drei-Dimensionalität ein zentrales Charakteristikum. Die Bilder ragen optisch in den Raum hinein und schaffen so die Illusion von Platz in der psychologischen Enge der Großstadt-Ghettos. Optische Täuschungen spielen mit der Wahrnehmung des Betrachters und kontrollieren diese gegebenenfalls. Der Ausdruck ›Space‹ beschreibt gleichzeitig auch einen Rauschzustand, durch den dieselbe Wirkung, eine illusionäre Wahrnehmung einer schöneren Welt, verbunden mit dem Risiko eines Kontrollverlustes, angezeigt wird. Er kann somit auch ein Hinweis auf die Drogenproblematik in den Ghettos sein. »[*Graffiti*] seeks to dominate urban space with the same totality in which drugs dominate perception« (Atlanta and Alexander 1989: 161). In der Tat bedeutete *Graffiti* für viele Sprüher Faszination und Gefahr wie eine Droge. Bei *Graffiti* im HipHop ist eine deutliche Fokussierung auf Schrift erkennbar. Der HipHop-Graffiti wird deshalb auch als *Writing* bezeichnet, obwohl *Writing* ebenfalls ein eigenständiger Bereich, auch außerhalb von HipHop, ist. Die Bilder, aus Buchstaben bestehend,

---

40 Nicht jeder Graffiti-Aktivist gehört zur HipHop-Kultur. Wie gesagt, handelt es sich bei *Graffiti* um eine uralte Ausdrucksform, die jedoch durch HipHop eine Renaissance erlebte und die für viele HipHopper Ausgangspunkt zur Erschaffung einer eigenen Kunstform war.

werden *Pieces* genannt. Diese sind nicht lesbar wie ein Text, da sie optisch und auch oft inhaltlich verschlüsselt sind. *Graffiti* wird von vielen Außenstehenden keinesfalls als Kunst verstanden, sondern in erster Linie als Vandalismus oder bestenfalls, wie bei Cross, als »social practice« (Cross 1993: 15). Diese Art ›sozialer Praxis‹ wurde im HipHop aufgegriffen, weiterentwickelt, verfeinert und weltweit popularisiert.

*Writing* begann in New York in den späten 1960er Jahren. Als mythische Gründerfigur gilt ein ehemaliger griechischer Zeitungsausträger namens *Taki*, der in der 183sten Straße wohnte. Er hinterließ mit einem Filzstift überall, vor allem aber in sämtlichen Wagen der New Yorker Subway und an Häuserwänden, sein verschnörkeltes Kürzel *Taki 183*. Dieses *Tag* machte ihn in ganz New York bekannt und löste eine riesige Nachahmungswelle aus, die in den Zeitungen sogar als ›Virus‹ bezeichnet wurde. Ansehen und Bekanntheitsgrad der Writer untereinander stiegen mit der territorialen Verbreitung, der Höhe des Risikofaktors und der Häufigkeit, mit der die *Tags* angebracht wurden. Besonderes Prestige brachten zum Beispiel getaggte Polizeiwagen ein (Dufresne 1992: 159). Die Ambitionen, den eigenen Writer-Namen über die ganze Stadt zu verbreiten, führten dazu, dass sich die Akteure überwiegend auf das New Yorker U-Bahn-System konzentrierten. Es ging beim *Tagging* in den 1960er Jahren ausschließlich um Individualität, den eigenen Namen und die Straßennummer. Um das eigene Ansehen und die allgemeine Aufmerksamkeit weiterhin zu steigern, wurden nicht nur immer größere Risiken eingegangen, es fanden auch komplexere Ausgestaltungen der einzelnen Buchstaben bezüglich ihrer Form- und Farbgebung statt. Die Buchstaben und Wörter sind heute längst nicht mehr nur Träger einer Botschaft, sondern stehen selbst im Mittelpunkt. Die inhaltliche Bedeutung des gesprühten Wortes, in der Regel der Name oder das Pseudonym des Writers, erfährt ihre tiefere Bedeutung durch die stilistische Ausarbeitung. Der Writer und ehemalige Breaker *Mike* schildert seine Suche nach einem inhaltlich akzeptablen Namen, bestehend aus Buchstaben, die unter ästhetischen Gesichtspunkten genügend Variationsmöglichkeiten bieten müssen.

*Mike:* Ich habe lange Rebel 169 gemalt, 169 wegen der Postleitzahl von der Mannheimer Neckarstadt West. Irgendwann friert das aber so ein bisschen ein und man bekommt keine Inspirationen mehr mit demselben Namen. So war's in meinem Fall. Und ich musste mir dann was Neues ausdenken. Und dann habe ich erstmal überlegt ... Die Buchstaben müssen cool sein, so dass du inhaltlich und optisch damit was anfangen kannst. Worauf ich dann gekommen bin, war einfach Wort, WORD. Du malst ein Wort. Oder einen Namen und ein Name ist auch ein Wort. Ja, und jetzt male ich WORD. Da kann man schöne Sachen draus bilden. Das O ist zum Beispiel praktisch an zweiter Stelle. Aus einem O kannst du immer einen Character[41] machen oder eine [Schall-]Platte, eine [Farb-]Dose oder was auch immer. (2011)

In den 1970er Jahren erfuhren die Buchstaben immer größer werdende Abstraktionsgrade und die nun in riesigen Dimensionen gesprühten Wörter, Namen oder Messages umfassten im Idealfall ganze Züge. Verschiedene Stilrichtungen wurden entwickelt, die den individuellen Writer und auch bestimmte Regionen erkennen ließen.[42] *Wildstyle* gilt bis heute als Königsdisziplin unter den Writern. Dies ist der Style, der Buchstaben lebendig werden und im besten Fall ›tanzen‹ lässt. Parallel zu dieser Entwicklung begannen die Künstler, über das reine *Writing* hinaus auch Characters zu sprühen. *Lee Quiñones*, der seit den Anfängen des HipHop-Graffiti als einer der besten Künstler seines Faches[43] gilt, trat 1975 der Graffiti-Crew »The Fabulous Five« bei. Diese legendäre Gruppe, die sich nach der Linie 5, ihrem Lieblingszug, benannt hatte, besprühte erstmals einen kompletten Zug mit Bild-Motiven, der als »Christmas Train« in die HipHop-Geschichte einging:

---

41 Bildmotiv

42 Laut Toop stammte der dynamische, später als *Wildstyle* bekannt gewordene Schreibstil aus Brooklyn, während der runde *Bubble Style* der New Yorker Bronx zugeordnet wurde (Toop 1992: 163). Rapneck Ossi und Ziggie Moondust geben dem Graffiti-Künstler *Pistol I* Credits für die Erfindung des 3-D-Styles (Ossi/Moondust 1984: 128). *Phase II* wird allgemein für das Design des *Bubble Style* anerkannt.

43 Weitere international bekannte Graffiti-Künstler sind *Futura 2000*, *Dondi*, *Rammellzee*, *Zephyr*, *Seen* und *Phase II*.

Da gab es Schneeflocken, einen Weihnachtsmann, ein rotnasiges Rentier und herzliche Grüße zum Fest für alle New Yorker. Den Leuten blieb buchstäblich der Mund offenstehen. Die anderen Writer waren begeistert. Dann wurden die Wagen auseinandergekoppelt und bald war es mit der ganzen Herrlichkeit vorbei. (Ossi/Moondust 1984: 129)

Während die nur für Insider dechiffrierbaren *Tags* vorwiegend innerhalb der Züge angebracht wurden, befanden sich die für die Allgemeinheit bestimmten und verständlichen *Graffiti* außen auf den Zügen und an Außenwänden (Atlanta and Alexander 1989: 164). Diese Bilder mussten schlagartig wirken, da die Leute sie nur im Vorbeifahren oder beim Ein- und Aussteigen sehen konnten. Um ein komplexes und aufwändig gestaltetes Bild näher zu betrachten, ist ein unbeweglicher Bildträger Voraussetzung. Damit die Stimmung und die Message von *Graffiti* sogar noch auf einem vorbeifahrenden Zug erkennbar blieb – je nachdem wie schräg die Winkel der Buchstaben gestellt sind, verkörpern sie auch das hohe Tempo eines fahrenden Zuges an sich – mussten einfache Motive, die auf den ersten Blick erfassbar waren, gewählt werden. *Lee Quiñones* erklärt eines seiner Werke:

Das Beste, was ich meiner Meinung nach jemals gemacht habe, waren die zwei Wagen ›Die Erde ist die Hölle‹ und ›Der Himmel ist das Leben‹. ›Der Himmel ist das Leben‹ hatte klare Buchstaben und sanfte Farben. Das drückte meine Ansicht vom Himmel aus: Blumen und Berge, die Sonne, eine Taube, Schmetterlinge und Gott, der seine Hände predigend erhebt. Auf dem nächsten Wagen bin ich ausgeflippt. Ich habe der Stadt gezeigt, wie sie wirklich aussieht. Es gab einen Soldaten mit seiner Kanone. Sein ganzer Körper war von einem schattigen Grau, und direkt neben ihm stand: Beendet den Krieg! Ich habe Fabriken gezeichnet, die grau waren und lauter Schornsteine hatten. Ich habe einen Mann gemalt, der seinen Hund aufhängt, um die Grausamkeit gegen Tiere zu zeigen. Ich habe einen Zuhälter gezeichnet, der seine Frau mißhandelt. Blutspritzer. Und den Präsidenten, der Leuten, die zu ihm aufsehen, eine Rede hält. Hinter ihm war eine amerikanische Fahne, aber nicht die richtige, auf der stand: Wählt mich und ich gebe euch, was ihr wollt. Da waren all die Raketen. Der Himmel war düster mit gelb-roten Streifen von Feuern. Und es hieß: ›Die Erde ist die Hölle‹ in brennenden Lettern. (Ossi/Moondust 1984: 132)[44]

In den Jahren von 1975 bis 1980 erreichte die Entwicklung von *Graffiti* einen Höhepunkt. Die Künstler wählten jetzt, entsprechend ihrer persönlichen Neigungen, sowohl Bild- als auch Buchstaben-Motive. Es gab kaum einen Zug, der nicht besprüht wurde. Um die überdimensionalen Werke zu erschaffen, mussten mehrere Leute zusammenarbeiten. Es formierten sich zahlreiche Writer-Crews, die wiederum untereinander konkurrierten und ihre Bilder oft, dem HipHop-typischen Wettbewerbscharakter entsprechend, übersprühten.

Zur Verbindung zwischen der Writer- und der HipHop-Szene kam es maßgeblich durch *Fab 5 Freddy*,[45] einem ausgebildeten Maler, der sich nach seinem Studium dem *Graffiti Writing* verschrieben hatte. In den späten 1970er Jahren spielte er Writern die neue Musik, *Rap*, vor und begeisterte auch die New Yorker Avantgarde- und Punk-Szene für die neue Kultur aus der Bronx. Vor allem fand er bei *Debbie Harry* Gehör, die als *Blondie* 1981 den Hit »Rapture« landete. Sie versuchte sich dort selbst als Rapperin, nannte *Fab 5 Freddy* und *Grandmaster Flash* und featurte die Szene mit der Zeile »HipHop – You don't stop«. *Fab 5 Freddy* stellte ebenfalls den Kontakt der Writer- und HipHop-Szene zu dem Regisseur *Charlie Ahearn* her, der 1983 den Spielfilm »Wildstyle« drehte. *Lee Quiñones* verkörpert dort in der Hauptrolle den Writer »Zoro« und spielt sich damit quasi selbst. Diese Ära ist ebenfalls in »Style Wars« (auch von 1983) dokumentiert.

HipHop-Graffiti verbreitete sich Anfang der 1980er Jahre – auch durch diese Filme – über ganz Amerika bis nach Europa. Als Sprayer wie *Futura 2000* 1981 nach London kamen, fanden sie dort noch in New York schon längst unterbun-

---

44   Fotos davon sind unter ›Subway Art‹ auf seiner Webseite www.leequinones.com (abgerufen am 21.6.2015) zu sehen.

45   *Fab 5 Freddy* ist in verschiedenen Bereichen künstlerisch aktiv: Als Schauspieler bekam er eine Rolle in »She's gotta have it« von *Spike Lee* (1986). 1981 brachte er die Platte »Change the Beat« heraus, außerdem war er Moderator von »Yo! MTV Raps«. Als Videodirektor arbeitete er mit *Queen Latifah* und *Snoop Dogg*, und er ist Autor des HipHop-Slang-Wörterbuchs, s. Literaturliste – um nur einige seiner Aktivitäten zu nennen.

dene Arbeitsmöglichkeiten vor: »It must be nostalgic to be creeping through the tunnel again« (Atlanta and Alexander 1989: 156). Wieder im Untergrundsystem der Subway zu arbeiten sowie für ihre Arbeit eine wesentlich größere Anerkennung zu erfahren als in New York, war für die amerikanischen Graffiti-Künstler eine bestärkende Erfahrung (op. cit.: 156). Heute stehen Writer in weltweitem Kontakt und regelmäßigem Austausch miteinander. Kommunikationsmöglichkeiten boten in den 1990er Jahren eine ständig wachsende Anzahl von Graffiti-Magazinen und natürlich das Internet. Der deutsche Writer *MINE* gewährt einen Einblick in sein Lebensgefühl und seine Motivation:

> Mittlerweile kann man in Deutschland in Kaffs fahren, die auf keiner Landkarte sind, und sieht Tags. Und nicht nur in jedem Kaff in Deutschland sondern überall auf diesem Planeten. Irgendwie ist das schon witzig, Teil einer weltweiten Verschwörung zu sein. (van Treeck/Todt 1995: o. S.)

Ende der 1970er Jahre hatte New Yorks damaliger Bürgermeister Ed Koch *Graffiti* zur »folkloristischen Kunst« erklärt (Atlanta and Alexander 1989: 159). Diese ›liberale‹ Einstellung verhalf einigen Writern zu legalen Projekten, wie zum Beispiel der Gestaltung von Schulhofmauern. Fast zeitgleich mit der Erklärung des Bürgermeisters fand eine Integrierung von *Graffiti* in die offizielle New Yorker Art Scene statt. *Lee Quiñones* findet seitdem, wie viele andere seiner Kollegen, in der etablierten Kunstwelt große Anerkennung. So lobte ihn der »Art Forum«-Kritiker René Picard: »Die Art, wie er Farben mischt, wie er den widerspenstigen Sprühknopf von Rustoleum-Dosen betätigt (›Silent Thunder‹ nennen sie die Kenner), versetzt ihn in eine Klasse für sich« (Gassen 1987: 52). Die Galerie *Fashion Moda* stellte Ende der 1970er Jahre erstmals *Graffiti* in der Bronx aus. Andere Galerien in der Lower East Side zogen nach. Es kam nun auch zu Begegnungen von Writern aus dem Untergrund (d. h. aus der HipHop-Szene ›von der Straße‹) mit Künstlern wie *Keith Haring* oder *Jean-Michel Basquiat*, die beide maßgeblich von *Lee Quiñones* beeinflusst wurden. Die Kommerzialisierung von *Graffiti*, auch im Mode- und Designbereich, war nun unaufhaltsam. Mit dem Eintritt in die Kunst- und Museumsszene fand unter den Graffiti-Künstlern ein Generationswechsel statt: Während die erste strikt illegal Züge und Wände besprüht hatte, produzierte die zweite fast ausschließlich legale Atelierkunst auf Leinwand. Die Gemeinsamkeiten der *Graffiti* der ersten und zweiten Generation reduzierten sich auf einen kleinen gemeinsamen Nenner: »Bestimmend und durchgängig stilbildend blieb das Malmaterial: die Farbe aus der Sprühdose« (Gassen 1987: 7). Im Katalog zur 1987 gezeigten Ausstellung »New York Graffiti« des Wilhelm-Hack-Museums in Ludwigshafen/Rhein werden die grundlegenden Veränderungen recht unproblematisch betrachtet:

> Bereits die Herausnahme aus ihrem genuinen geographischen und sozialen Kontext haben die Graffiti relativ unbeschadet überstanden, ihre Vitalität, Spontaneität, ihre formale und farbliche Aggressivität sowie der Witz ihrer Bild(er)findungen kommen auch auf den Leinwänden zur Geltung. (Gassen 1987: 19)

Andere Beobachter, wie die Autoren Atlanta und Alexander, sahen diesen Wechsel weitaus kritischer:

> In the process of gallery consumption little of the specific meaning of Graffiti art was communicated, or even survived the threshold of the gallery itself. (Atlanta and Alexander 1989: 164)

Neben der grundsätzlich anderen inhaltlichen Ausrichtung dieser ›neuen‹ *Graffiti* – die ganz streng genommen gar keine mehr sind, denn *Graffiti* sind ja Bilder im Außenraum – sollte man auch die ästhetischen Unterschiede nicht außer acht lassen: Zum Beispiel stellt Leinwand eine grundsätzlich andere Oberfläche dar als Beton, auf der sich die Farben folglich auch anders verhalten. Solche Faktoren führen zu kleinen, in ihrer Summe aber vielleicht nicht unwesentlichen Abweichungen von der Originalform.

> *Mike:* Beton oder Leinwand ist ein großer Unterschied. Auf Leinwand hast du erstmal nicht so das Format. Du kannst es schon haben, wenn du möchtest, aber wer baut sich schon Leinwände drei auf fünf Meter? Es ist außerdem ein Riesenunterschied, ob du die Bewegung aus dem

Handgelenk machst oder aus dem ganzen Arm. Wenn der ganze Körper mitspielt, das ist ein ganz anderes Gefühl, und wenn du draußen bist an der Luft. Die Struktur von dem Untergrund, den du da gerade hast, spielt auch mit, beeinflusst dich auch in dem, was du machst, genauso wie die Umgebung, in der du bist. Wenn du in deinem Zimmer sitzt, das ist was ganz anderes. Das ist viel technischer, da ist nicht so viel Emotion dabei wie draußen. Und du weißt auch, draußen sehen es mehr Leute. Außer du hängst es in ein Museum. (2011)

Die äußerlich sichtbaren Veränderungen von der ersten zur zweiten Graffiti-Generation schlugen sich auch ideologisch in szeneninternen Diskussionen nieder. Viele Vertreter der ersten Generation lehnten die Annäherung an das Establishment strikt ab, während die nachfolgende Generation die erste als zu konservativ empfand. Das amerikanische HipHop-Magazin »The Source« schlug 1996 eine Betrachtung jedes *Graffiti* als ›Repräsentation der HipHop-Kultur‹ vor:

> So where do we go from here? An art form that possesses such raw positive and negative energy is suffering a dilemma of its own making. Why? [...] Graffiti has always been an art form of rebellion and revolution. Bombin' is pure evidence of this. But so are productions, because whenever a writer does an all-out fresh piece, not only is he making a personal statement, he is representing the creative flava of our underground culture. (Pose II 1996: 71)

Der Vorteil legaler *Graffiti* liegt auf der Hand: Der Künstler kann sich bei der Ausführung Zeit lassen und sich detailliert seinem Motiv widmen. Wie bei den anderen HipHop-Elementen *DJing*, *MCing* und dem Tanz war es auch hier den Akteuren ein Bedürfnis, ihre Kunstform weiter zu entwickeln und komplexer auszugestalten. Wichtig ist, dass nicht eine Version alle anderen ausschließt, sondern dass ein Variantenreichtum zugelassen wird.

> *Gonz:* Im Graffiti gab es auch unter den Writern schon immer verschiedene Charaktere. Es gibt Leute, die bomben, das sind die, die nur ihren Namen schreiben. An alle möglichen Stellen und nochmal und nochmal. Das sind auch die Typen, die ihr ganzes Leben riskieren, um an den schwierigsten Stellen ihre Namen anzubringen. Die wollen famous sein und für die Außenwelt anonym bleiben. Aber es gab auch immer Leute, die richtig auf Qualität geachtet haben, die Style Writer. Es war auch nicht so, dass bei den Style Writern im Graffiti immer nur derselbe Name wieder und wieder geschrieben wurde, wie so oft behauptet. Die richtigen Style Writer haben zig Pseudonyme gehabt. Nur die Bomber hatten nur einen einzigen Namen. (2011)

Schon diese wenigen Informationen zeigen, dass *Writing* für Außenstehende nicht einsehbar ist und auch inhaltlich nicht verstanden werden kann. Die Tatsache, dass der Urheber anonym bleibt, verstärkt das Unbehagen. Hier liegt ein großer Unterschied zur zeitlich nachfolgenden *Street Art*, wo der Urheber zwar ebenfalls anonym bleibt, jedoch mit seinen Werken vom Betrachter verstanden werden will. Dadurch erscheint *Street Art* viel harmloser als *Graffiti*, obwohl auch hier der öffentliche Raum vereinnahmt wird.

> *Mike:* Graffiti ist keine Street Art. Das ist was ganz anderes. Bei Street Art geht man zwar auch raus und begibt sich in die illegale Zone, aber es ist viel akzeptierter. In den meisten Fällen gibt es eine Botschaft und die ist so verpackt, dass sie von jedem, der vorbeiläuft, verstanden werden kann. Street Art involviert den Betrachter. Und das tut Graffiti nicht. Graffiti schließt die Außenstehenden aus. Außenstehende kapieren nicht, was da passiert. Die meisten wissen nicht mal, dass da Wörter stehen. Die sehen nur ein Gewirr aus Linien. (2011)

Legale *Graffiti* sind durch die Aufbewahrung in Galerien und Museen unschädlich und kontrollierbar geworden, vor allem, was die Identität der Künstler angeht. Außerdem findet eine starke Selektion der Betrachter statt. Eventuell begrüßt ein avantgardistisches (Kunst-)Szenepublikum subversive Inhalte als

Inspiration und sucht *Graffiti* gezielt in einer Ausstellung auf. Illegale *Graffiti* dagegen suchen den Betrachter auf. Im wahrsten Sinne des Wortes kommt es ›über Nacht‹ zu einer Konfrontation: Wo am Tag vorher noch eine graue Wand war, ist von allen unbemerkt ein riesiges buntes, häufig abstraktes Kunstwerk entstanden. Man kann sich nicht entziehen, indem man den Gang ins Museum verweigert, sondern begegnet den Werken im öffentlichen Raum, also in der U-Bahn, auf dem täglichen Weg zur Arbeit. Aufgrund der unangenehmen Assoziation eines Kontrollverlustes, die *Graffiti* bei vielen Betrachtern hervorruft, wird entsprechend gegen sie vorgegangen: Die Stadt New York finanzierte teuerste Reinigungsmaßnahmen zur Graffiti-Beseitigung und investierte in immer ausgefeiltere Sicherheitsvorkehrungen für die U-Bahn-Depots. *Lee Quiñones* schrieb als Reaktion auf die Behandlung der *Graffiti* als Vandalismus: »Obwohl es Dreck und Verbrechen genannt wird, gibt es auf diesen Zügen immer noch Schönheit« (Lee Quiñones zit. in Ossi/Moondust 1984: 129). Die New Yorker Polizei ging jahrelang mit unverhältnismäßiger Härte gegen Sprüher vor. Im Herbst 1983 kam es sogar zu einer Festnahme mit anschließender Todesfolge eines Writers. Namhafte Künstler wie *Andy Warhol*, *Christo* und *Keith Haring* setzten sich damals für eine Aufklärung des Falles ein (Ossi/Moondust 1984: 133, Gassen 1987: 15f). *Klown* weist auf den Widerspruch hin, dass von offizieller Seite gegen HipHop-Inhalte wie *Graffiti* vorgegangen wird, während die Idee gleichzeitig kommerziell verwertet wird:

> *Klown:* Let me tell you something: At one time Graffiti was vandalism. But now you see these buses go by, you see big advertisements on the buses. You know? People are putting these same exact things that Graffiti artists used to do top-to-bottom[46] on the buses. That means, they took the idea of Graffiti they called ›vandalism‹ from the Graffiti artists and from the kids in the neighbourhood – and now they got it on the buses! (1997)

---

46  *Top-to-Bottom* bezeichnet einen Graffiti-Stil, bei dem sich das Bild über die gesamte Höhe des Bildträgers erstreckt, also von der Ober- bis zur Unterseite.

Durch Legalisierung und Anerkennung veränderte sich die Situation vieler Writer, die früher auch illegal gesprüht hatten. Sie arbeiten heute als Grafiker, Designer, Tätowierer, erhalten Aufträge zur Gestaltung von öffentlichen Gebäuden oder Plätzen und stellen ihre Kunst in Galerien aus. Es gibt in vielen Städten eine »Hall of Fame«, Flächen, die legal bemalt werden dürfen. Die Legalisierung von *Graffiti* führte keinesfalls zu ihrem Untergang oder einem Rückgang, sondern kann sogar als Fortschritt gesehen werden. Die Graffiti-Künstler sind bei ihrer Suche nach einer neuen, eigenen Ausdrucksform angekommen. Der Weg führt nun weiter über ihre Exklusiv-Akzeptanz als Künstler zu einer grundsätzlichen Akzeptanz als Mitglieder der Gesellschaft.

> *I:* Was hatte es mit den illegalen Graffiti auf sich? Die Leute wollten von der Öffentlichkeit registriert werden, aber dennoch anonym bleiben. Die Bilder sollten provokativ jedem ins Auge stechen, aber nicht verstanden werden. Worum ging es damals?
> *Gonz:* Es ging um die Suche nach einer neuen Formsprache. Man sucht als Musiker den perfekten Beat, als Writer den perfekten Winkel. Die perfekte Dynamik, das perfekte Zusammenspiel von Buchstaben. Es geht um Aufbau, Planung, Umsetzung, Farbspiel. Das ist eine eigene Wissenschaft um Ästhetik, abstrakte Kunst. Das ist nur für den Insider. Piece kommt von Masterpiece, von einem Meisterwerk.
> *I:* Und worum geht es heute, sozusagen in der Legalität?
> *Gonz:* Heute will ich akzeptiert werden. Ich will ernst genommen werden. Ich will hier in Deutschland bleiben und dazu gehören. Ich will respektiert werden, weil ich auch zur Gesellschaft beitrage. Wir haben illegal Einfluss gehabt auf die Gesellschaft. Jetzt will ich es legal. (2011)

MrQuick
Foto: Thorsten Dirr

Akanni Humphrey
Foto: privat

George Groove
Foto: privat

Storm
Foto: Deborah Dorzile

Gionni Battista
Foto: Ralf Mager

Tomek Bachanowicz
Foto: Thorsten Dirr

Gonz
Foto: Thorsten Dirr

Mike Arthur
Foto: Thorsten Dirr

Kwikstep
Foto: Thorsten Dirr

Rokafella
Foto: Miki Takashima

Dance Dine
Fotos: Thorsten Dirr

Fotos: Thorsten Dirr

Fotos: Thorsten Dirr

Dorit Rode
Foto: Tobias Koeck

Wilpower
Foto: privat

Klown
Foto: Nolan Etheridge

# Part Two

Breaking.

Popping.

Locking.

# Breaking/ B-Boying

*If I can learn how to spin on my head, I know I can do anything.*

KWIKSTEP

Die Entwicklung hin zu dem, was heute »Breakdance«[47] genannt wird, verlief nicht geradlinig und es gibt auch keinen einzelnen verbrieften Erfinder. *Breaking* oder *B-Boying*, wie die Tänzer und HipHopper ihren Tanz nennen, ist im Kollektiv in der New Yorker Bronx entstanden und der eigentliche Tanz der HipHop-Kultur. Es ist selbst in komprimierter Form

---

47 »Breakdance« ist in Anführungszeichen gesetzt, weil er den eigentlich nicht korrekten, aber durch die Medien geprägten Ausdruck wiedergibt. »Breakdance« wird von Außenstehenden oftmals für alle drei Tanzformen *Breaking*, *Locking* und *Popping* verwendet. In der HipHop-Kultur grenzt man sich durch den Gebrauch der eigenen Bezeichnungen *Breaking* oder *B-Boying* von der Mediensprache ab.

nicht möglich, diesen Tanz in einem einzigen Abschnitt darzustellen. Das Kapitel »Breaking« enthält daher Informationen über die Entstehungsgeschichte, signifikante Figuren und Grundlagen des Tanzes. Mitte der 1980er Jahre kam es im *Breaking* – wie auch in anderen HipHop-Disziplinen – zu einem entscheidenden Einbruch, der sogar in den USA zum zeitweiligen Verschwinden der Tanzform führte. Diese Phase und auch das anschließende Wiederaufleben wird unter dem Aspekt »Respekt« im nachfolgenden Kapitel beleuchtet. Den Abschluss zum Thema *Breaking* bildet ein Einblick in die jahrzehnte andauernde Diskussion um die akrobatischen Elemente.

/// ENTSTEHUNGSGESCHICHTE. Exemplarisch für die Entstehung spezieller Moves und die dichte Verwobenheit von Beats, Lyrics und Bewegung kann der Tanz zu »Get on the Good Foot« von *James Brown* aus den späten 1960er Jahren gelten. Dieser entstand, lange bevor bestimmte Termini wie ›HipHop‹ oder ›Breaking‹ eingeführt wurden (Toop 1992: 165, Carr 1983: 19, Okumura 1998: *Breaking*). Eine Beschreibung dieses Tanzes, der auch *Good Foot* genannt wurde, gibt Okumura[48] unter Bezugnahme auf den ›HipHop-Tanzkenner‹ *Michael Holman*.[49]

> The best way to describe the Good Foot is, according to Michael Holman, to imagine a majorette marching in a parade taking steps raised high at the knee but keeping the leg raised at the knee in the air for a beat before dropping it down and simultaneously raising the other leg. (Okumura 1998: Breaking)[50]

---

48  Kozo Okumura verfasste einige der ersten ausführlichen Internet-Artikel über *Breaking*, die mir in den 1990er Jahren begegneten.

49  Der Künstler und Musiker *Michael Holman* war Teil der New Yorker Avantgarde-Szene in den 1970er und 1980er Jahren. Er leitete gemeinsam mit dem Künstler *Jean-Michel Basquiat* ein Bandprojekt und war Besitzer des New Yorker Clubs »Negril«. Innerhalb der HipHop-Szene ist er als Gründer und Manager der *New York City Breakers* bekannt. Als ehemaliger Tänzer (*Popping* und *Locking*) hat er in den frühen 1980er Jahren diverse Artikel und auch Bücher zum Thema verfasst.

50  http://www.globaldarkness.com/articles/history%20of%20breakdance.htm zuletzt aufgerufen am 31.5.2015. Hinweis: Die ursprüngliche Adresse ist heute nicht mehr abrufbar. Der Vollständigkeit halber ist sie jedoch im Literaturverzeichnis aufgeführt.

Im Grunde ist dies die Beschreibung der Figur *Running Man*. *James Brown* gibt in übertragenem Sinn Anleitung zum Standbein-Spielbein-Wechsel:

> I said the long hair hippies and the afro blacks,
> They all get together across the tracks
> and they party Ho – on the good foot
> Ain't nothing going on – but the rent-a
> A whole lotta bills and my money's spent
> And that's on my bad foot
> (James Brown zit. in Toop 1992: 165)

Übersetzung: »An die langhaarigen Hippies und die Schwarzen mit dem Afro: Sie sollen sich alle treffen für 'ne Party/Und tanzen, mit dem Spielbein/Ja sonst geht nichts voran, außer Miete/Ein Haufen Rechnungen, aber mein Geld ist längst weg/Und das ist mein Standbein« (Toop 1992: 165). Die Message von *James Brown* lautet ›Egal wie düster die Lebenssituation auch aussehen mag – die Freude an Musik und Tanz kann sie einem nicht verderben‹ – oder: Tanz und Musik machen das Leben lebenswert und sind der Ausgleich zum oft wenig erfreulichen Alltag.

Okumura bezeichnet den *Good Foot* als ersten Freestyle-Tanzstil, der auch »drops and spins« (to drop: sinken, fallen, sich fallen lassen, hinwerfen; to spin: drehen, wirbeln) einbezog, also höhere technische Anforderungen an die Tänzer stellte als bloßes ›sich im Takt bewegen‹. Ein weiterer wichtiger Vorläufer von Breaking war der *Rock Dance*, der mit seinem Namen das rhythmisch-›schaukelnde‹ Movement, das auch für den späteren *Hip Hop* so prägend war, bezeichnete. *Rock Dance* oder *Rocking* beinhaltete unzählige Kick- und einfache Schrittkombinationen, Floor Moves wie *Sweeps*[51] und setzte mit Mimik und Gestik auch Lyrics der Songs um. DJs fingen zu dieser Zeit an, die Break Parts in der Musik zu verlängern, was den Tänzern mehr Raum gab, ihre Bewegungen weiterzuentwickeln. Schnelle Drehungen[52] und ›In sich zusammensinken‹, um

---

51 *Sweeps* (to sweep: fegen) sind früheste Basic-Floor-Moves. Einer der bekanntesten ist die sogenannte ›Kaffeemühle‹ – ›The Coffeegrinder‹.

52 Die Drehungen und weitere Elemente wurden in diesem Entwicklungsstadium des Tanzes überwiegend im Stand ausgeführt.

im Takt zur Musik wieder hochzuschnellen, kristallisierten sich als zentrale Themen des Tanzes heraus und brachte den Tänzern vorübergehend den Namen *Boie-oie-oings* ein. Mit der musikalischen Entwicklung wurden auch die Tanzformen komplexer, und aus den ersten wenigen Figuren entwickelte sich ein ganzer Tanzstil. Arme und Beine wurden stärker miteinbezogen und unterstützten die charakteristischen Bewegungsabläufe. Dies führte zur Entwicklung des *Footwork*, den schnellen, oft eine Kreisform beschreibenden Schrittfolgen im Stand oder in der Hocke. Besonders im Stadtteil Brooklyn entstanden ganze, zum Teil feststehende, Schrittkombinationen, die als *Brooklyn Rock* oder *Uprock* bezeichnet werden. Es handelt sich dabei wiederum um einen eigenen Tanz, bei dem sich zumeist zwei Personen in ihren Bewegungen auf einander beziehen oder einen Kampf darstellen. Heute bezeichnet man *Uprock* oder *Top Rock* allgemein als Tanz im Stand. Bis weit in die 1990er Jahre hinein wurden sie lediglich als Auftakt zu den am Boden ausgeführten *Floor Rocks* oder den akrobatischen *Power Moves* eingesetzt, die seit den 1980er Jahren das Bild von »Breakdance« in der Öffentlichkeit prägen. In der Anfangsphase machten sie jedoch den eigentlichen Charakter des Tanzes aus und auch heute konzentrieren sich wieder viele auf den Ausbau der Moves im Stand.[53] Jede Darbietung wird deutlich mit einer Pose abgeschlossen, die manchmal für die Zuschauer überraschend kommt und so abrupt und exakt ausgeführt wird, dass der Tänzer im Idealfall wie erstarrt oder ›eingefroren‹ wirkt: Durch einen *Freeze*, der häufig auch an zentralen Musikstellen einen visuellen Akzent setzt, bringt der Tänzer seine individuelle Note in den Tanz ein, ebenso in Schrittkombinationen. Jeder arbeitet an der Entwicklung seines individuellen Stils, der sich auch für Außenstehende sichtbar von anderen unterscheidet.

*Kool DJ Herc* nannte die Tänzer B-Boys und B-Girls, die Tänzer selbst nennen ihren Tanz häufig *B-Boying*.[54] Das ›B‹ in B-Boy steht für ›Break‹. Später wurde

---

53 *Ken Swift*, der sich mit seiner Crew *The Seven Gems* die Bewahrung New Yorker Street Dances zur Aufgabe gemacht hat, gibt *Rocking* auch heute auf Workshops weiter.

54 B-Boy/B-Girl ist eine geläufige Selbstbezeichnung von Breakern innerhalb der Kultur. Manche lehnen diesen Begriff jedoch ab, wie zum Beispiel *Kwikstep:* »I don't like using the word ›B-Boying‹. Because first of all the word ›boy‹ in America is not a good term for people of color. ›Come here, boy‹, it's derogatory. And I am not a boy, you know? I was a young man already at a very young age.« (2011)

der Tanz dann *Breaking* genannt und die Akteure Breaker. Als der eigentliche ›*Breaking*-Protegé‹ wird jedoch *Afrika Bambaataa* angesehen, der seine erste Begleit-Crew, die *Zulu Kings* und *Zulu Queens*, aus Breakern zusammensetzte:

> Back in 1976, 1977, my crew was called Zulu Kings. Wherever I'd be spinning discs, the Zulu Kings and Queens would be Breaking. There were hundreds of them, as many females as there were males.
> (Afrika Bambaataa zit. in Carr 1983: 19)

Es wurde schnell zur Regel, dass jeder DJ seine Crew mitbrachte. *Kool DJ Herc* nannte sich zum Beispiel bald in *Herc and the Herculoids* um.[55]

In den späten 1970er Jahren ging die erste Tanz-Periode zu Ende. Sie wurde vom sogenannten *Freak Dance*, dem Tanz zum Hit »Le Freak« von der Gruppe *Chic*,[56] abgelöst. Über den genauen Zeitpunkt des Verschwindens dieser ersten B-Boy-Tanzphase sind sich die Autoren uneinig. Fernando gibt das Jahr 1979 (Fernando 1994: 17), Toop 1978 (Toop 1992: 164) und Okumura das Jahr 1977 (Okumura 1998: Breaking) an. Ungefähr in diese Zeit – auch hier sind die Angaben nicht einheitlich – fällt die Gründung der bis heute bekanntesten Breaking-Crew *Rock Steady Crew* (*RSC*). Die *Rock Steady Crew* formierte sich 1977 (Fernando 1994: 18) als Nachfolger der *Zulu Kings* und *Zulu Queens*. Zur Besetzung der *Original Rock Steady Crew* gehörten die Tänzer *Jimmy D.*, *Jimmy Lee*, *Jo-Jo*, *Spy* und *Mongo Rock* (Fernando 1994: 18). Diese Tänzer inspirierten damals unter anderem die weltbekannte Breaker-Größe *Crazy Legs*.[57]

---

55  S. auch Kapitel »DJing«.

56  New Yorker Band, gegründet 1977. Das Gitarrenriff von »Good Times« gehört seit den HipHop-Anfängen zu den am meisten verwendeten Samples überhaupt.

57  *Crazy Legs*, als »Virtual Icon of B-Boying« gefeiert, kam im Alter von zehn Jahren durch seinen Bruder und seinen Cousin zum Tanz. Später musste er sich tänzerisch gegen den damaligen Leader der *Rock Steady Crew Jimmy D.* durchsetzen, um in die *RSC* aufgenommen zu werden (Fernando 1994: 18). Er gilt als einer der größten und erfolgreichsten Breaker, Erfinder zahlreicher klassischer Breaking-Moves, z. B. des *Continuous Backspin* (*Windmill*), Lehrer und Choreografen weltweit und ist auch für sein soziales Engagement bekannt. In Interviews kommt er auf Notsituationen wie Hunger zu sprechen, unter denen er selbst aufwuchs, und er betont auch die Notwendigkeit, wahrgenommen zu werden: »Sometimes when you have nothing, knowing that people know you exist makes a big difference in your life. It helps you to strive for something.« (*Crazy Legs* im Interview auf: http://uk.complex.com/style/2014/08/crazy-legs-interview) zuletzt aufgerufen am 31.10.2015.

*Klown* kannte einige der frühen Breaker und erinnert sich:

> *Klown:* My brother was really into the Breaking, he just hanged out with a lot of good Breakers. At that time it was Mongo Rock – I remember Mongo Rock very well. And I remember his friend Spy, whom I only met a couple of times. But Mongo Rock was pretty close to the family. And he was the one who was supposed to have inspired people like Legs, people who came years out after him. So this is like the seventies, you know what I mean.
> *I:* Who was he, Mongo Rock? Was he involved in a dancing crew also?
> *Klown:* Yeah, he was a B-Boy. He was a Breaker. He was out when they were just doing Sweeps and Footwork and Freezes. But no Spins and things like that. So he was out at that time. And this was when gangs used to do it. They were not called crews, it was like gangs. At that time. There were different gangs, like the Savage Skulls, Savage Nomads ... I know that some of these crews had breakers in them. My brother was like a ›Baby-Skull‹ at that time. So he was kinda young, too. Mongo Rock was down and it went on to like Rock Steady. They had another name first, but I don't really remember the exact name, you know, because like I said – I started in the eighties. But the Rock Steady Crew had another name and they had different Breakers down with them. Legs was a kid that learned from them, from Mongo Rock – and they had Mr. Freeze. They had a few other Breakers, but I didn't know them yet. I can really take it back to when I first started, when I first saw the Moonwalk like in eighty. I was a kid, I wasn't able to come outside, know what I mean? I used to run to the jams on my block when they had day jams, learned as much as I could, run back home and practice.[58] (1997)

---

58 Für die HipHop-Geschichtsüberlieferung sind Erinnerungen wie die von *Klown* äußerst wertvoll: von den Namen früher Breaker bis hin zu Infos über erste Bewegungsformen. Weiterhin zeichnet diese Schilderung ein gutes Bild der ›Infizierung‹ mit HipHop oder *Breaking*. Hat jemand erst einmal Feuer gefangen, gibt es kein Halten mehr, und die Welt dreht sich um den Tanz. Man versucht von anderen Techniken und Inspirationen aufzugreifen und trainiert diese dann allein für sich weiter.

Die nächste Generation von Breakern setzte sich vorwiegend aus Puertoricanern zusammen. Sie brachten den Tanz auf eine neue Ebene: ›They took it to the next level‹. Dies ist innerhalb der HipHop-Szene eine der höchsten Anerkennungen. In erster Linie durch die Mitglieder der *Original Rock Steady Crew* beeinflusst und inspiriert, entwickelten die neuen Rock Steady-Members die Bewegungen in Richtung Akrobatik weiter, blieben aber dennoch tänzerisch orientiert. Sie kreierten die sogenannten *Power Moves*, vorrangig Drehfiguren am Boden, auf dem Rücken (*Backspin*), Kopf (*Headspin*), Schultern (*Windmill*), Händen und Knien. Figuren wie *Backspin* und *Windmill* wurden zunächst auf Sandplätzen erarbeitet und später auf Beton perfektioniert (Toop 1992: 164). Mitglieder der *Rock Steady Crew* trainierten in den frühen 1980er Jahren in dem Park an der West 98th Street, Amsterdam Avenue. Dieser Park wird deshalb von HipHoppern »Rock Steady Park« genannt.

*Breaking* wird heute vorrangig in Jugendtreffs, aber auch in Tanzschulen weitergegeben. In den Anfängen wurde im großen Stil auf der Straße getanzt, entweder als Show oder als Battle, bei dem die Tänzer gegeneinander antraten und sich zu übertreffen versuchten. Oft nur mit einem Ghetto-Blaster und einer dünnen Unterlage aus Pappe oder Linoleum ausgestattet, gaben die Breaker Anfang der 1980er Jahre in den New Yorker Straßen die ersten Vorführungen. Sie erregten damit schnell Aufmerksamkeit, so dass Einladungen in Clubs und Diskotheken folgten. Die neuen Elemente waren so spektakulär, dass es viele Zuschauer gab, die immer mehr ›Kunststücke‹ einforderten und gerade diese Einlagen besonders honorierten. *Michael Holman* wünschte sich als Attraktion für seinen Club »Negril« einen Tanz-Battle mit möglichst vielen akrobatischen Einlagen und beauftragte die *Rock Steady Crew*, ebenbürtige Breaker als Gegner für einen Showkampf zu organisieren. Die Legende besagt, dass *Holman* anschließend die in seinen Augen besten Akrobaten in einer Crew sammelte und äußerst erfolgreich als die *New York City Breakers* managte. Im Wettstreit der Crews wurden immer spektakulärere Moves hervorgebracht, die den markanten Breaking-Stil der frühen 1980er Jahre prägten.[59]

---

[59] Dies ist gut zu sehen im Spielfilm »Beat Street«, s. auch Kapitel »Battles«. Hier tanzen *Rock Steady Crew* vs. *New York City Breakers* und den Höhepunkt bildet ein vorher nicht gekannter neuer Move von *Crazy Legs*.

*///* GRUNDMOVES. Den Auftakt bilden *Top Rocks*, Schrittkombinationen im Stand. Der eigentliche Basisschritt ist der sogenannte *Two Step* oder *Indian Step*. Der Tänzer kreuzt mit einem Vorwärtsschritt das rechte Bein über das linke und öffnet dabei seitlich die Arme. Er bleibt kurz auf dem rechten Bein, während das linke leicht nach hinten abgewinkelt bleibt. Dann springt er direkt mit dem linken wieder zurück zum Ausgangspunkt und die Arme senken sich. Dieselbe Bewegung erfolgt dann in die andere Richtung, also beginnend mit dem linken Fuß nach rechts.

> *Mike:* Beim Top Rock, Two Step oder Indian Step – es gibt verschiedene Bezeichnungen für diesen Schritt oben – ist es von der Dynamik her so: Du gehst nach vorne und machst auf. Das ist quasi Angriff. Du sagst also zu deinem Gegner ›WAS IST?‹ Dann gehst du zurück, machst dich ein bisschen kleiner und sammelst Energie. Dann kommst du wieder vor mit dem Schockmoment nach außen. Es geht viel um die Emotionen, die du bei einer Bewegung hast. Du musst wissen, was für eine Intention dahinter steckt, denn wenn du das nicht weißt, machst du's einfach nur so. Deshalb finde ich es wichtig zu wissen, wo der Ursprung einer Bewegung liegt. (2011)

Damit offenbart schon der Eingangsschritt, mit dem sich der Tänzer sozusagen erst einmal warm läuft, das aggressive Potential des Tanzes. Nach den *Top Rocks* geht es mit einem Drop in der ersten Steigerungsstufe auf den Boden. Ein typischer Drop ist der *Knee Drop*. Der Tänzer stößt sich selbst mit den rechten Bein in die linke Kniekehle und gibt dadurch den Impuls, im linken Bein einzuknicken. Daraufhin fällt er scheinbar auf sein linkes Knie. In Wirklichkeit landet er jedoch auf dem rechten Fuß, der immer noch relativ versteckt hinter dem linken Knie ist. Am Boden beginnt er mit *Footwork* die kreisförmigen Bewegungen. Die Arme unterstützen das Körpergewicht, so dass der Tänzer aus seiner veränderten Position heraus immer noch ähnliche Schrittkombinationen ausführen kann wie zuvor im Stand. Einer der wichtigsten Basics ist der *Sixstep*. Hiervon ausgehend lassen sich unzählige Variationen entwickeln. Der Tänzer sitzt in der Hocke und ›wandert‹ in sechs Schritten einmal um die eigene Achse. In der Grundform bleibt der Oberkörper frontal, was bedeutet, dass Schritte vorwärts, seitwärts und rückwärts ausgeführt werden müssen. Neulingen wird damit ein vielfältiges Richtungsprogramm zur Verfügung gestellt. Die Arme stabilisieren den Körper und müssen, je nach Schrittrichtung, eher schräg vor oder hinter dem Körper aufgesetzt werden, um das Gleichgewicht zu halten. Dieser Schwierigkeitsgrad sollte mindestens beherrscht werden, ebenso Freezes, die ›eingefrorenen‹ Posen am Schluss. Ein *Freeze*, der ebenfalls zu den Basics zählt, ist der *Babyfreeze*, bei dem der gesamte Körper in sich zusammengezogen von den eigenen Händen getragen wird. Das Geheimnis sind hier die richtigen Winkel, vor allem die der Arme, um diese Position zu halten. Der Arm zum Kopf hin muss einen so steilen Winkel bilden, dass sich das Gewicht des Oberkörpers nach unten senkt. Der Ellenbogen des anderen Arms stabilisiert den Unterkörper, so dass dieser in der Luft bleiben kann. Der in sich verdrehte Rumpf wird mit angezogenen, gekreuzten Beinen so kompakt wie möglich gemacht, um das Gewicht auf die kleinstmögliche Fläche zu konzentrieren.

Fortgeschrittene Breaker steigern sich durch *Power Moves* mindestens noch um einen weiteren Schwierigkeitsgrad. Hier wird das Körpergewicht von den Armen auf ein weiteres, zur Gewichtsübernahme unübliches, Körperteil – zum Beispiel Schultern oder Kopf – verlagert. Dieses leistet nun die Basisarbeit für alle Kreisbewegungen. Es gibt auch *Power Moves*, bei denen sich der Drehpunkt auf mehrere Körperpartien verteilt und die Drehung selbst durch eine Kombination unterschiedlicher Figuren ausgelöst wird. Sie beschreiben immer einen kompletten Ablauf in eine Richtung, so dass letztlich eine 360-Graddrehung um die eigene Achse entsteht, die wieder in der Ausgangsposition endet. Nachfolgend werden wesentliche Grundtypen kurz beschrieben. Alle sind durch zusätzliche Drehungen, Schrauben und Sprünge erweiterbar.

Für Außenstehende ist die *Windmill* oder *Continuous Backspin* wohl einer der signifikantesten Moves, weil die Beine des Tänzers wie die Flügel einer Windmühle in der Luft ›rotieren‹. Wenn sich der Körper so weit hebt, dass die Drehung über den Kopf erfolgt, spricht man von *Halos*. *Flares* sind Moves, die aus dem Turnen bekannt sind. Hier verteilt sich das Gewicht auf beide Arme. Der Oberkörper ist aufgerichtet und wird von den Händen getragen, während die Beine entweder parallel oder nacheinander unter dem Körper durchschwingen. Die Hände müssen jeweils abwechselnd das Gewicht übernehmen, um Platz für die Beine zu machen. Eine weitere Kategorie innerhalb der *Power Moves* sind *Swipes*, bei denen Ober- und Unterkörper zeitlich versetzt gedreht werden, so dass nacheinander verschiedene Körperpartien Bodenkontakt haben. Ausgehend von einer Hockposition wird der Oberkörper um 180 Grad verdreht, bis die Hände nacheinander aufsetzen, um das Gewicht zu übernehmen. Der Tänzer springt in einen kleinen Handstand, überkreuzt die Beine in einem Twist in der Luft und landet mit ihnen nacheinander auf dem Boden. Sofort werden die Arme gelöst, und man befindet sich wieder in der Hocke, Ausgangspunkt für eine neue Bewegung. *Power Moves* gipfeln oft, wenn der Tänzer genug Schwung hat, in einer immer schneller werdenden Drehung, einem *Spin*. Spins sind kreisende Bewegungen des kompletten Körpers, bei denen nur ein einziger Punkt den Boden berührt, entweder komplett in sich zusammengezogen auf dem Rücken als *Backspin* oder – gestreckter und damit wesentlich schwerer – auf dem Kopf als *Headspin*. Als äußerst schwierige Figur gilt der *1990*, ein *Spin* in einer vollkommenen Körperstreckung auf einem Arm im Handstand.

Im Anschluss an diese Figuren stellt der *Freeze* einen besonders dramatischen Gegensatz zu den schnellen, nicht mehr kontrollierbar erscheinenden Kreiseln dar: Es wird das Bild eines schlagartigen Stillstandes geschaffen, mit dem der Tänzer seine perfekte Körperbeherrschung demonstriert. Highlights einer Performance sind auch immer Kuriositäten wie zu Anfang der 1980er Jahre der *Spider*. Die Hände tragen hier zunächst das Körpergewicht, die Knie liegen auf den Schultern, so dass die Unterschenkel nach vorne hängen und das Gesamtbild einer Spinne ähnelt.[60] Zu den zweifellos spektakulärsten und gefährlichsten Breaking-Elementen zählt der *Suicide*. Dieses ist eine eingesprungene Figur, bei der der Tänzer, beispielsweise aus einem Salto heraus, hörbar der Länge nach flach auf den Boden ›knallt‹.

---

60 Diese Figur, in alten »Breakdance«-Filmen zu sehen, bietet kaum Bewegungsspielraum und eignete sich daher nicht automatisch zur weiteren Ausgestaltung, so dass sie zeitweise von der Bildfläche verschwand. Es ist allerdings eine besondere Herausforderung, solche Figuren aufzugreifen und auf eine neue, zeitgemäße Art einzusetzen. Der Breaker *Lilou* landet zum Beispiel aus einem Salto heraus im *Spider* und baut damit ein Zitat aus der HipHop-Tanzgeschichte in seine Performances ein. Ein Link mit einem Beispiel dazu im Kapitel »Battles«.

*III* CUT AND MIX VON BEWEGUNGSFORMEN. *Breaking* besteht aus vielen einzelnen Bewegungstechniken, die miteinander kombiniert zu einer eigenen neuen Form wurden. Die Tänzer werteten die Schwerpunkte unterschiedlich und waren sich der heterogenen Einflüsse früh bewusst:

> *Freeze La Roc:* Breaking hat sich aus verschiedenen Elementen zusammengesetzt – Capoeira,[61] Kung Fu, Jazz-Tanz usw. Es gibt mit Sicherheit noch weitere Einflüsse ... (1997)

Asiatische Kampfkünste formten den Stil und die Entwicklung maßgeblich. *James* und *Freeze La Roc* schrieben Martial Arts den größten Einfluss zu. Cross beobachtete ebenfalls eine Zusammensetzung unterschiedlicher Bewegungsstile: »Breaking advanced very quickly into an astonishing combination of gymnastics, jazz and kung-fu moves all held together by a pacing (up-Rocking) to the beat that marked out the territory of the breaker« (Cross 1993: 16). Okumura legte mehr Wert auf die Zusammensetzung der einzelnen Komponenten *Uprocks*, *Footwork*, *Power Moves* und *Freezes* (Okumura 1998: Breaking). Der New Yorker Tänzer und Musiker *Akanni Humphrey* wuchs in der Bronx auf. Er bestätigt die Einflussnahme asiatischer Kampfsportarten, wobei seiner Ansicht nach jedoch gymnastische Übungen den Tanz am nachhaltigsten prägten:

> *I:* Have you ever learned dancing in a school?
> *Akanni:* No. Like Jazz? No. Just too busy trying to do our own art.
> *I:* Have you ever been involved in Martial Arts like Capoeira or Kung Fu?
> *Akanni:* [nods his head]

---

61 Diese Äußerung ist typisch für die 1990er Jahre, in der für viele Breaker die Suche nach den Wurzeln ihres Tanzes begann. Tatsächlich gibt es zwischen *Breaking* und der Tanz-Kampf-Kunst Capoeira so viele Parallelen, dass an dieser Stelle eine Aufzählung nicht geleistet werden kann. Die Berührungspunkte reichen über bloße Körpertechniken hinaus und erstrecken sich auch auf inhaltliche Felder wie Entstehungsgeschichte und philosophische Anschauungen. Ob diese Ähnlichkeiten jedoch als Belege für eine konkrete Einflussnahme von Capoeira auf die Entstehung von *Breaking* gelten können, möchte ich aus heutiger Sicht bezweifeln. Bis heute sind mir keine Berichte über direkten prägenden Kontakt zwischen Capoeiristas und frühen HipHop-Tänzern bekannt. Keiner meiner Interviewpartner berichtete über eigene Capoeira-Erfahrungen oder Capoeira-Schulen in seinem Umfeld.

*I:* So you did things like Capoeira before?
*Akanni:* Well, you know, just like Kung Fu. My father was a teacher.
*I:* Kung Fu teacher?
*Akanni:* Ya, he taught, you know, me, my mother and my sister. In the Bronx Martial Arts was very popular. Specially in our neighbourhood there is a Martial Arts school every three blocks. There are lots of Martial Arts schools.
*I:* So is it obvious that this kind of HipHop dancing has a lot in common with these Martial Arts?
*Akanni:* Martial Arts, gymnastics, you know, a lot of different athletics. Surrounding athletics like gymnastics. Definitely mostly gymnastics.[62] (1997)

Die Rock Steady-Mitglieder hatten, wie fast alle Erfinder des »Breakdance«, nie ein formales Tanztraining erhalten. Nach eigenen Angaben lernten sie in erster Linie von asiatischen Martial Arts-Filmen (Fernando 1994: 18). Da es innerhalb der Community, ›im Ghetto‹, und auch gegenüber der Außenwelt immer darum ging, sich zu behaupten, und das gesamte Dasein häufig einem Kampf ähnelte, verwundert es nicht, dass Martial Arts-Filme der 1970er Jahre eine der Hauptinspirationsquellen für den Tanz waren. Ebenso anregend wie das konkrete Bewegungsmaterial waren die mentale Einstellung der Kämpfer und auch die tiefer liegenden Botschaften dieser Filme.

*Storm:* Wir reden von einer Zeit, in der es noch nicht möglich war, dass ein schwarzer Schauspieler einem weißen Schauspieler Paroli bietet. Und gerade deshalb waren Leute wie Bruce Lee auch die großen Heroes in der heranwachsenden HipHop-Szene. Bruce Lee war der erste, der einem Europäer einen vor den Latz geknallt hat. Und so kam es nicht von ungefähr, dass auch viele HipHopper zum Time Square gegangen sind, um sich die ganzen Kung Fu-Filme anzusehen. (2011)

---

62 ›Gymnastics‹, also turnerische Elemente, sind mit Sicherheit in vielen akrobatischen Moves, zum Beispiel den *Flares*, zu erkennen. Zur Zeit des Interviews mit *Akanni* dominierten diese tatsächlich das Bewegungsbild. Heute sind tänzerische Elemente genauso gefragt und auch die Verfeinerung bestehender Moves und Techniken.

Die Aussicht, durch Disziplin und Konzentration auf ein Ziel einen übermächtigen Gegner zu besiegen, was im übertragenen Sinne bedeuten konnte, unabhängig von Hautfarbe, Herkunft und Klassenzugehörigkeit eine unüberwindbare gesellschaftliche Grenze zu überschreiten, motivierte ungemein. *Bruce Lee* und andere Martial Arts-Darsteller der 1970er Jahre wurden zu Idolen, an denen sich die frühen HipHopper umfassend orientierten. Die intensive Art zu trainieren und die Bereitschaft, sich vollkommen der Meisterschaft und Entwicklung der Tanzformen zu widmen, wurde offensichtlich durch diese Filme angestoßen:

> *Kwikstep:* Watching Kung Fu movies for us in America, in HipHop, was very instrumental, because it would show what hard work does. You saw these incredible movements and they showed how they got the movements. How they studied and studied and studied the technique until it became part of their social background. How they trained in the 36 chambers, how many masters they went through to learn this technique and the rigorous training with the masters. And Martial Arts was very big in the seventies. We had Bruce Lee, we had Jim Kelly, Chuck Norris, Jackie Chan – major stars and so we kind of went by how they were in the movies. We put that to our real lives. So I had one room where I had practiced just my Spin Moves, then I'd go practice on the concrete. Same thing with my Footwork. (2011)

Viele Breaker, die den Tanz sehr nachhaltig gestalteten, hatten einen puertoricanischen Background, und so liegt auch der Einfluss lateinamerikanischer Tänze nahe. In den ausgehenden 1960er Jahren bis in die 1970er Jahre hinein war der *Mambo* auch in New York äußerst populär. Er zeichnet sich durch eine besonders diffizile Rhythmik aus, ist zwar ein Paartanz, hat aber sehr viele Twists und kleine Schrittkombinationen, die ohne weiteres im *B-Boying* und auch im *Hip Hop* erkennbar sind. Der eigentliche *Mambo* in der puertoricanischen Form setzte sich allgemein nicht durch, weil er rhythmisch zu anspruchsvoll war. Im heutigen *Salsa* finden wir jedoch eine etwas vereinfachte, sehr populäre Form dieses Tanzes, und *Kwikstep* erwähnt unter seinen Inspirationen auch den »Mambo-King« *Eddie Torres*. »Breakdance« wurde über Jahre hinweg von Tänzern geformt, die aus dem Bewegungsrepertoire ihres unmittelbaren Umfelds schöpften. In der Entstehungsphase trafen DJs jamaikanischer Herkunft mit Funk auf Latinotänzer. Hier kann der New Yorker *Kwikstep* als ein lebendiges Modell für die vielfältigen Anlagen und Einflüsse innerhalb einer Tänzerpersönlichkeit gelten, die *Breaking* geprägt haben. Es geht darum, Teil seiner Umgebung zu werden, sie zu verkörpern und sich darin zu behaupten.

> *Kwikstep:* I learned Salsa from watching it around my social environment, basement parties, block parties. My drumming I learned from social backgrounds like basement parties, block parties, the parks. I picked it up at a very young age. African Dance I learned in class. One of my teachers – Djoniba – he is very famous in New York. And I learned from him when I was into like my teens into my twenties. And Eddie Torres also is who I learned Salsa from and still to this day. He is a very famous Salsa dancer. And of course all the Hip Hop freestyle stuff in the clubs. House Dance in the clubs. So all from my social environment and when it came to my Breaking and Popping and Locking I learned from individuals as well as the environment. So it's a mix. But none of them I learned in schools. They were all from the social environment and schools were something that didn't exist because like Capoeira is learned in ciphers, it's learned from the communitiy. And for me in Urban Dance it takes a whole city to raise a dancer. (2011)

**/// GRUNDLAGEN UND BASICS.** Es handelt sich bei sämtlichen zuvor beschriebenen Breaking-Moves um Kreationen, die so anspruchsvoll sind und so schnell und perfekt ausgeführt werden, dass sie vom uneingeweihten Zuschauer visuell kaum nachvollzogen werden können. Umso unfassbarer erscheint es, dass die ersten Breaker diese Moves autodidaktisch entwickelten und sich ihre Nachfolger diese bis weit in die 1990er Jahre mehr oder weniger im Alleingang aneigneten.

*I:* Wie lernt man so was? Wie fängt man ganz konkret an?
*Freeze La Roc:* Das ist eine Technik, die du dir von jemandem abguckst: Du gehst auf den Kopf und du weißt theoretisch, wie sich der Andere bewegt. In welche Richtung mit den Beinen und so weiter. Ok, das ist der Anfang, das ist schon mal in Ordnung. Und dann übst du … Je öfter du das machst, desto mehr Schwung und Balance bekommst du. Und dann kommt das alles. Die wirklich guten Leute trainieren das aber auch wie besessen. Viele Leute können das leider nicht angemessen honorieren. Die denken nur ›Ah ja, da dreht sich einer nur auf dem Kopf‹. Dass der Kerl täglich stundenlang trainiert, um so weit zu kommen …
*James:* Die meisten Leute können sich nicht vorstellen, was für ein Training dahintersteht. Was für eine Arbeit das ist. (1997)

*Freeze La Roc* und *James* betonten wiederholt die Notwendigkeit von Basistechniken, ohne die dieser Tanz nicht korrekt ausgeführt werden kann. Sie selbst bekamen erst spät, nachdem sie schon einige Jahre tanzten, Gelegenheit, die eigentlichen Grundlagen in den USA zu lernen:

*Freeze La Roc:* Es hat lange gedauert, weil wir uns alles selber beigebracht haben. Wir haben uns schon beeinflussen lassen durch das, was wir gesehen haben, aber die wirklich wichtigen Basistechniken haben wir erst 1996 kennengelernt. Ok, da waren wir tänzerisch schon so gut, dass wir die dann ohne weiteres gleich umsetzen konnten.
*James:* Wir haben vorher auch schon Basics gemacht, aber unbewusst.
*Freeze La Roc:* Ja, wir haben es ähnlich gemacht und durch die Art und Weise, wie wir tanzen, kamen wir dem Original ziemlich nahe. Aber zum Original selbst hat dann doch noch was gefehlt. Diese Techniken haben wir jetzt noch dazugelernt. Die Basics sind gewisse Grundschritte oder -techniken, die man von jemandem gezeigt bekommt, der sie wiederum direkt vom Original gelernt hat. Das sind ganz bestimmte Schritte und die sind so. (1997)

Heute wird *Breaking* offiziell unterrichtet, und es gibt unzählige Tutorials auf »youtube«. Diese leiten Schritt für Schritt die einzelnen Moves an, so dass der Tanz wesentlich leichter zu verstehen und nachzuvollziehen ist als noch zu Zeiten vor dem Internet. Bis zum Ende der 1990er Jahre mussten sich die Tänzer mühsam die meisten Abläufe selbst erarbeiten und herausfinden, wie die Bewegungen funktionierten.

> *Tomek:* Bei mir haben viele Moves einfach viel länger gedauert, weil ich keinen hatte, der die ganze Zeit neben mir stand und gesagt hat ›Jetzt das Bein höher, jetzt das Bein niedriger‹. Heute kommt man viel schneller an die ganzen Informationen. (2011)

Im konkreten Training oder auf Workshops werden in erster Linie Basics vermittelt und Anregungen gegeben, diese weiter auszugestalten, damit jeder Tänzer die Möglichkeit und die Freiheit hat, auf solider Grundlage an seinem Stil zu arbeiten.

> *Storm:* Ich denke es ist grundsätzlich wichtig, auch als Lehrer, bestimmte Rudiments aufzubauen. Ich gebe dir zum Beispiel erstmal den Sixstep und sage dir dann ›Pass auf, nimm den Sixstep, den lernst du jetzt erstmal und dann mach daraus, was du willst. So hast du genau die Basis, die du brauchst, und dann klappt alles von alleine‹. (2011)

Entscheidend ist natürlich die exakte Übereinstimmung mit der Musik. In den Anfängen ging es zunächst darum, die Bewegungen überhaupt erst einmal im Takt auszuführen. Heute werden bestimmte Musikinstrumente, vor allem die Schlagzeugbeats, sichtbar gemacht. Bläser oder auch Lyrics verkörpern die Tänzer häufig durch Armbewegungen und ihre Mimik, während der treibende Beat der Snare Drum oder der Percussions in der schnellen und durchgängigen Beinarbeit umgesetzt wird. Obwohl *Breaking* auch wie andere Tänze in Formationen getanzt werden kann, um Bilder im Raum erzeugen, steht der Ausdruck eines rhythmischen Gefüges durch den einzelnen Tänzer klar im Vordergrund.

*Tomek:* Und das macht dann auch einen guten Tänzer aus, dass der exakt auf die Musik tanzt. Wenn du weißt ›Jetzt kommt ein Akzent‹, dann drückst du den mit einem Freeze aus oder so. Dann kriegst du auch die Bestätigung, den Respekt von anderen B-Boys, dass du viel trainierst und nicht einfach nur irgendwelche Bewegungen machst oder halt nur auf dem Kopf drehst. Was bei den Amis vorteilhaft ist, die verstehen jedes Wort und drücken auch noch die Lyrics mit der Körpersprache aus. Da habe ich manchmal Probleme, obwohl ich auch ganz gut Englisch kann. Ich benutze dann mehr die Instrumente. (2011)

Viele der Breaking-Figuren lassen sich auf gemeinsame Basistechniken zurückführen. Diese zu erlernen, stellt allerhöchste Ansprüche an die Tänzer. Hat man sie sich jedoch einmal erarbeitet, ist dies eine Grundlage, auf der unzählige Möglichkeiten zur Weiterentwicklung gegeben sind.

*Storm:* Von der Kreisbewegung her, zum Beispiel bei Windmill und Flare, ähnelt sich ja vieles, zumindest beim Feeling. Oder wenn du jetzt auf dem Rücken drehst, drehst du halt ein bisschen höher, dann fehlt nicht mehr viel und du bist auf dem Kopf. Das sagt sich jetzt zwar so leicht, und es ist wirklich nicht einfach, wenn man es trainiert ... Aber im Endeffekt ist die Körperspannung, die man halten muss, oder die Art wie man sich zusammenzieht, bei allen Bewegungen gleich. Und wenn man einmal gelernt hat, wo der Schwerpunkt ist – das verlernt man nicht mehr. (2011)

Die letzte Aussage »das verlernt man nicht mehr« hat sich als absolut richtig erwiesen. Da die HipHop-Kultur und mit ihr der Tanz vergleichsweise jung ist, kommen viele akrobatisch geprägte Breaker, die in den frühen 1980er Jahren begonnen haben, erst jetzt in ein Alter, in dem mit vielen reinen Kraftübungen in der Regel Schluss ist. Jedoch mit der Technik, die sich erfahrene Tänzer wie *Kwikstep* und *Storm* über Jahrzehnte angeeignet haben, sind sie bis zum heutigen Tag in der Lage, zum Beispiel Kopfdrehungen auszuführen. Es ist wahrscheinlich Ziel aller Künstler, Tänzer und Akrobaten, auch die schwierigsten

Sachen völlig mühelos wirken zu lassen. Aus allen Statements hört man heraus, dass Kenntnis der Basistechniken dafür eine wesentliche Voraussetzung ist – der Hauptteil der Arbeit beruht jedoch auf einem immensen Trainingspensum, das der Einzelne für sich allein leisten muss, wenn er ein gewisses Level erreichen und halten will.

> *James:* Wenn du einmal drin bist, wenn du einmal damit angefangen hast, hast du es im Blut und willst immer besser werden! Dieses Im-Vordergrund-Stehen, besser als der Andere zu sein. Wenn du jemanden siehst, der besser ist als du, willst du unbedingt genauso gut sein – oder besser. Du trainierst und trainierst. Da steht ein absoluter Ehrgeiz dahinter. (1997)

Die Tanzform verlangt darüber hinaus einen ungeheuren Kräfteeinsatz und ist auch für technisch Versierte alles andere als körperschonend. Nicht zuletzt muss auch eine Portion Mut dazugehören, diese zum Teil halsbrecherischen Figuren überhaupt auszuführen. Toop hatte bereits eine masochistische Komponente in der Entwicklung zu einer »verblüffenden Vorführung schmerzender Drehungen auf dem Rücken, den Schultern, dem Kopf und den Händen« betont (Toop 1992: 164). Ich habe *Freeze La Roc* und *James* nach ihren Erfahrungen gefragt:

> *I:* Wie groß ist die Verletzungsgefahr? Gerade für Anfänger? Es handelt sich bei Breaking ja wirklich um absolut schwere akrobatische Bewegungsabläufe.
> *James:* Zu Anfang habe ich auch auf dem Boden getanzt. Aber heute locken wir eigentlich mehr. Das Akrobatische machen wir weniger.
> *Freeze La Roc:* Diese richtig schweren Moves, zum Beispiel auf dem Kopf drehen, habe ich auch gemacht. Hier siehst du's vielleicht [zeigt auf eine kahle Stelle an seinem Kopf]. Das ist vom Kopfdrehen. Ich habe damit aufgehört, weil ich gesehen habe, ich kann das andere einfach besser. So wie James habe ich mich lieber auf die tänzerischeren Elemente konzentriert. Bezüglich der Verletzungsgefahren: Da passiert alles. Ich sehe

es ja immer bei unseren Jungs aus der Gruppe. Gelenkverschleiß ist logisch. Aber wir hatten auch schon richtig schwere Verletzungen.
*I:* Was treibt die Leute dazu, so waghalsige, unter Umständen auch lebensgefährliche Sachen zu machen?
*Freeze La Roc:* Das ist ganz einfach. Das ist nicht nur der Reiz: Das ist einfach auch die Liebe dazu. Die haben diesen unbedingten Willen immer, immer besser zu werden. Die sehen andere Leute, stecken sich Ziele, stellen alles andere in den Hintergrund. Und dann wird trainiert bis zum Umfallen. (1997)

Dass sich dieser Ehrgeiz womöglich nicht nur darauf bezieht, eigene körperliche Grenzen, sondern auch andere, wie zum Beispiel gesellschaftliche, zu überschreiten, wird durch den Vergleich mit den Messages der frühen Martial Arts-Filme sichtbar. Man muss den Tanz vor seinem kulturellen Hintergrund betrachten, wenn man die Bedeutung und Wirksamkeit für die Tänzer verstehen will. Es wird immer Breaker geben, die dies bestreiten und aussagen, sie tanzten rein zum Spaß ohne tiefergehende Intentionen. Ein Breaker wie *Kwikstep* jedoch, der auf die Entwicklung der Kultur, des Tanzes und damit auch auf seine eigene Geschichte zurückblickt, beschreibt eine weit größere Dimension:

*Kwikstep:* I label myself a breaker because I break stereotypes. I break through a ceiling where people thought it was not possible. I break peoples imagination. I break my own. (2011)

# Respekt

*Damn! We must have really done something really big!*
AKANNI

Respekt! – ist einer der wichtigsten Begriffe in der HipHop-Kultur. Er ist ein Schlüssel zu ihrem Verständnis und auch zum Potential, das sie für jeden Einzelnen entfalten kann. HipHopper fordern von der Außenwelt Respekt für sich selbst als Menschen und für ihre Kunstform. In der eigenen Community konkurrieren sie um Anerkennung für die individuelle Künstlerpersönlichkeit und geben sich gegenseitig »Respekt!« für gute Leistungen. Die Originals erhalten Respekt für ihre Erfindungen und nehmen dementsprechend ihre Plätze in der HipHop-History ein. Respekt, also gegenseitige Anerkennung und Unterstützung, ließ die HipHop-Community zusammenwachsen. Mitte der 1980er Jahre ging *Breaking*, die große Attraktion der Kultur, in den USA regelrecht unter – vor allem auch, weil der gegenseitige Respekt innerhalb der dortigen Gemeinschaft und unter den Tänzern ausblieb. Als dieser durch den Support von europäischen und asiatischen Tänzern wieder aufgebaut werden konnte, kam der Tanz auch in den USA zurück.

*III* GESCHICHTLICHER VERLAUF VON BREAKING. Zu Beginn der 1980er Jahre erhielten die Tänzer als erste Repräsentanten der DJs und der HipHop-Kultur innerhalb der Szene großen Respekt:

> *Klown:* Breakers get a lot of props! You go out there, you break – everybody knows you for Breaking. Knows who you are for Breaking. (1997)

Breaker machten durch Leistungen auf sich aufmerksam, die so spektakulär waren, dass bald erste Artikel im New Yorker Szene-Magazin »Village Voice« über den Tanz erschienen und Celebrities aus der New Yorker Clubszene wie *Michael Holman* auf sie aufmerksam wurden. Auch die Filmindustrie in Hollywood musste den Tänzern Respekt zollen: Im Kinohit »Flashdance« von 1983 bekamen Mitglieder der *RSC* ein kurzes Feature. Zusätzlich gewinnt am Ende die Protagonistin eine Audition durch einen *Backspin*. Für die vielen Jazztanz-Szenen bekam die Hauptdarstellerin ein professionelles Tanzdouble. Als bekannt wurde, dass diese Tänzerin für den *Backspin* wiederum von *Crazy Legs* gedoubled werden musste, weil es damals selbst für einen Profi unmöglich war, die Figur zu erlernen, hob dies die Breaker in den Olymp. Der Auftritt brachte ihnen die Anerkennung der etablierten Tanzszene ein. Peter J. Rosenwald, Tanzkritiker für das »Wall Street Journal«, schrieb 1984 im »Dance Magazine«:

> Breaking is not easy. It takes a tremendous amount of sheer strength, and the moves are all but impossible for anyone not trained in the form. Even the highly skilled dancer Marine Jahan, who doubled for Jennifer Beals in Flashdance, couldn't learn to do the spins necessary for the ballet audition in the final scene, so the spins on the screen were done by Crazy Legs, a break dancer from the Rock Steady Crew. (Rosenwald 1984: 71)

»Breakdance« avancierte zu Beginn der 1980er Jahre zur eigentlichen HipHop-Attraktion. Formationen wie die *New York City Breakers* tanzten zu Ehren der Choreografin und Tanz-Ethnologin Katherine Dunham und 1985 im Washingtoner Kennedy Center for the Arts für Präsident Reagan (Verán 1996: 64f).

Innerhalb der stetig expandierenden Kultur steigerte sich der Attraktivitätsgrad kontinuierlich. Das Interesse am Tanz als außergewöhnliche Kunst schlug jedoch um in ein Interesse an seinem hohen Marktwert, durch den sich die Absatzzahlen nahezu jeder Ware steigern ließen. Der kommerzielle Aspekt rückte in den Vordergrund, und die Macher von Filmen, Videos und Werbespots begannen, mehr Einfluss auf die Tänzer und damit auch auf das künstlerische Geschehen zu nehmen. Bereits an diesem Punkt stellte sich für viele Tänzer die Frage, wie weit sie auf Angebote und Wünsche von Auftraggebern eingehen wollten, ohne sich selbst und ihre Sache zu verraten.

> *James:* Wenn du zum Beispiel für Nike auf Tournee gehst, wollen die ja Geld machen. Wenn du tanzt, sagen die dir zum Beispiel ›Du musst jetzt das und das tun. Du musst jetzt so tanzen, wie ich es dir sage‹. Und das wollen wir nicht. Oder es heißt ›Die Klamotten zieht ihr an‹ und ›Dieser Part gefällt mir nicht, das lasst ihr, macht dafür was anderes‹. Das tun wir nicht! Wir wollen unsere Sachen anziehen und das machen, wofür wir stehen. (1997)

Mit den kommerziellen Auswirkungen sahen sich vor allem die Tänzer konfrontiert, die in ihrem Selbstverständnis als Künstler weniger das Geld als die auf einmal geradezu unbegrenzten, professionellen Möglichkeiten zur Selbstdarstellung gelockt hatten. Der unbedingte Wille durch spektakuläre Aktionen größtmögliche Aufmerksamkeit zu erregen und sogar internationale Anerkennung zu finden, führte über eine abgeklärte Zusammenarbeit mit den Medien hinaus. Als diese das Interesse am Tanz verloren, weil er aufgrund seiner allgegenwärtigen Präsenz an Werbewirksamkeit eingebüßt hatte, übernahmen viele der US-HipHopper das Medienurteil und begannen ihrerseits, sich von *Breaking* zu distanzieren. Dieser Wendepunkt bezeichnete auch das Ende der Old School. Rapper, die mit Beginn der New School führende Positionen im HipHop übernahmen, setzten neue Maßstäbe. In der New Yorker HipHop-Szene hatte der Umschwung gravierende Konsequenzen: Der Tanz galt auf einmal bei vielen als veraltet. »That's played out!« begleitete die New Yorker Old School-Tänzer mindestens ein halbes Jahrzehnt.

Der ausbleibende Respekt der Medien, die »Breakdance« gerade noch gehypt hatten, entzog den Akteuren eine wichtige Grundlage. Aber ebenso wirkte sich die daraufhin folgende Ablehnung innerhalb der Community selbst aus und war für viele Tänzer ein Grund, sich zurückzuziehen oder den Tanz ganz aufzugeben. *Akanni* schildert, wie der Untergang durch spöttische Bemerkungen von Mitgliedern der HipHop-Szene befördert wurde:

> *I:* Did you realize a loss of respect, because it started out with the dancers and now it seems to be all about the Rappers. Did you realize anything like that?
> *Akanni:* Yeah. It's a lot! You don't have enough tape![63] It's a lot of stuff. Politically and internally we deal with certain races that cause problems, like Spanish versus Blacks. A lot of times we started things and we stopped doing them, because we think, it is played out. Rap groups always used to have a Breaking group to dance for them and help their show. But they want the Rap, the MCing part built and they don't need the dancers no more. And then it is like ›If you are dancing then you are not cool‹ all of a sudden. They even say this on records! Certain groups were so greedy for money that they kind of set a trend for the other groups. So, if you didn't have this or you didn't have that you weren't considered a dancer which was not cool, because if you're dancing, you're dancing. And it was like if you didn't have a deal or tour, you were not really doing much.
> And what happened was, a lot of these guys wouldn't come outside anymore and dance outside. They would stay inside like the big dancers and Breaking groups like the New York City Breakers. They could come out and dance, but after a while they stopped doing it, because they were too good to come out. And what happened: It just disappeared. These guys were developing, but nobody saw it, because no one came outside.
> *I:* So nobody wanted to see them? Or were they like ›Oh, if you don't need us ...‹

---

63 Meine ersten Interviewaufzeichnungen waren natürlich noch auf Kassette.

> *Akanni:* There was a lot of criticism and certain phrases that would always bother you like ›Oh, you are one of them that spin on your head‹ you know. And ›Oh! That's played out!‹ that will make you like – hold back. Same thing happened to the Human Beatboxing. Everytime a Human Beatbox kid would walk up, everybody would go [imitates a human beatbox sound], you know [laughter]. Trying to mock them, which makes them try to not let you know that they do that. And after a while stuff like that makes you stop. (1997)

*Akanni* beschreibt hier, wie *Breaking* und *Human Beatboxing* von Mitgliedern aus der eigenen Community gedisst wurden. Bei der Außenwelt kamen die Street Shows nach wie vor gut an, und es gab auch Mitte der 1980er Jahre Tänzer in New York, die damit ihr Geld verdienten. *Breaking* konnte bereits zu dieser Zeit schon nicht mehr als Modeströmung oder Trend betrachtet werden und entwickelte sich in Europa und Japan nach der Initialzündung Anfang der 1980er Jahre stetig weiter.

> *Storm:* Mitte der 1980er Jahre kam die große Auszeit in den USA. Die führte allerdings dazu, dass sich die Europäer enger zusammenschlossen und sich über die unterschiedlichen Stile austauschten. So konnten wir sehen ›Was macht den französischen Stil aus? Was haben sie in England gemacht, in Schweden?‹ und so weiter. Die Szene in Europa ist in dieser Zeit stetig angewachsen. (2011)

*Akanni* hatte während dieser Phase Gelegenheit, nach Japan zu reisen, wo *Breaking* ebenfalls nach wie vor äußerst populär war. Er erinnert sich lebhaft an sein Erstaunen über die Tatsache, dass ›ihr Tanz‹ außerhalb der USA mit ungebrochenem Enthusiasmus weiter praktiziert wurde:

> *Akanni:* We went to Japan and met all these guys who never stopped dancing. And we were like ›Damn! They are still going! And in a lot of other places they were still dancing and they never stopped! And we couldn't understand why they didn't throw it away like we did. A lot of

people were letting us know ›Yo! Yo! Really have some Power Moves!‹ (1997)

Es gab nur wenige unter den New Yorker Tänzern, die sich dem Druck widersetzten. Die meisten tanzten nach wie vor, breakten aber nicht mehr im ursprünglichen Stil. *Kwikstep* war in dieser Krisenzeit eine Art Ausnahmefigur in der New Yorker Szene, weil er öffentlich aktiv war und auch die Old School-Ideale in Verbindung mit der Tanzform promotete. Er ignorierte alle Widerstände und stand zu sich und seiner Kunstform. Diese beständige Haltung ist – neben seinen Skills – ein Kriterium, welches ihn zu einer HipHop-Legende machte. Heute wird ihm weltweit Respekt entgegen gebracht, und er gilt als »The last B-Boy of New York City«.

*Kwikstep:* When it came to hitting the street, which means dancing for money in the street, it was when Breaking died. There were dancers doing the dances like Popping and there were like maybe one or two Breakers. But they were only dancing to make money, that's all. They weren't practicing, they weren't looking to elevate the culture. Not that it's a bad thing, they needed to pay rent. But for me preserving the culture came first. Making money came second, third, forth and fifth. If I make money – cool. And if I ain't make any money that day because we got chased by the cops – as long as I got a new move every other day I was happy. I was drug free, I didn't drink. My getting high was the elevation of HipHop. And I was very very aware of that. There was no other Breaker doing it. So when they are refering to me as »The last B-Boy of New York City« that's what people mean. Not that I was physically the last one. I was spiritually, mentally active, persuing and representing what a Breaker is. I was talking about the four elements, I was talking about Zulu Nation. The same way I talk now, the same way I've been talking back then. And Klown saw that. So when the Europeans came over looking for dancers he said ›You need to talk to Kwik‹. (2011)

Es kam zu einer Schlüsselsituation, die sich konkret auf die Tanzkultur auswirkten sollte: dem Zusammentreffen von *Klown*, *Storm* und *Kwikstep* in New York. Dieses lässt *Klown* im Folgenden ausführlich Revue passieren. Er traf mitten in Manhattan zufällig drei Breaker aus Berlin, nämlich *Storm*, *Swiftrock* und *Maurizio* von der Crew *Battle Squad*. Ebenso wie *Akanni* hatte *Klown* nicht erwartet, dass es ›in Übersee‹ noch Leute gab, die breakten. Zusammen mit *Kwikstep* arrangierte er ein Treffen zwischen den drei B-Boys aus Deutschland und Mitgliedern der *Rock Steady Crew*. Begegnungen wie diese waren mit ausschlaggebend für ein erneutes Aufleben von *Breaking* in den USA:

> *Klown:* When Storm, Swift and Maurizio first came to America, they had their bags on, they just got out of the plane. Alright? It was kind of rainy that night. We were performing, me and my boys were working hard to get some money. – And at that time the police were not too strict. That was not when Giuliani was in. Know what I mean? And we were able to set up in the middle of a ticket-[unintel.] on Broadway and play. – That was where Storm, Swift and Maurizio came up and said ›Oh, Breakers! Ey, can I go out and do a solo?‹
> And I said ›Sure you can go on and do a solo‹ and they said ›Alright, cool‹. Maurizio went out and did a 1990 …! – And I said ›Wow! That guy is good! I haven't seen that in years!‹ I told my boys in the line, ›Now, those guys know how to break!‹
> My boys were really young. So they didn't get to see real good breakers, exept for maybe Kwikstep. And Kwikstep comes out and does Footwork. We could not come to the street and bring linoleum and all that, because we still had little police problems, still had to move around. So, only Footwork. But those guys were Breaking. Where did that come around this time? And the other guys said ›Yeah, where do these guys come from?‹ Because everybody completely stopped! Rock Steady, nobody was Breaking. And then I introduced myself to Swift and Storm and Maurizio and I was like ›Yeah man, you guys are – !‹
> ›Oh, we are from Germany‹.

I said ›Oh! You guys are from overseas?? They are breaking like that in Germany!?‹
And they said ›Yeah! They're breaking! They are going crazy over there! What happened to the Breakers over here? What happened to Rock Steady and them?‹
I said ›Rock Steady? That's over! They stopped here!‹
›No!‹
I said ›Yeah! Breakers are not breaking over here!‹, know what I mean? And I said ›But I do have a friend that meets me in the park. His name is Kwikstep. He performs with me on the weekends. Let's get together over there‹. So they met me in the park and they got together. They were like ›Wow!‹ when they saw Kwikstep and like ›Ah yeah! This is a Breaker!‹, know what I mean? They liked our boys because they were doing the best they could, but they liked Kwikstep because he did all that classic stuff.
And then we talked about how to raise our money and give these guys a chance to work. That's what we did for Maurizio, Swift and Storm. When they came, they didn't have any cash. They were blessed by running into us on the street.
And they were like ›Well, you know, we need to make some extra money‹, know what I mean? So I said ›Well, my group, they work out here seven days a week. This is the way they make their living. This is the way they pay their rent. And they take care of their children. So I can't pay you the same, but I can give you some money to work‹.
They were like ›No problem, no problem. We'll work!‹, you know. So that is what we did. They worked and they finally paid their expenses while they were here in America. They paid their hotel costs, they had their food, they did everything.
And then me and Kwikstep made the meeting for them with Rock Steady, we connected them with Rock Steady.
So I think everybody played a little part into it, you know, everyone. They [Storm and others] inspired Rock Steady, Magnificent Force – they [Rock Steady and others] inspired these guys. (1997)

Durch solche Kontakte mit Tänzern aus Japan oder Europa, die den Amerikanern als Erfindern großen Respekt entgegenbrachten, wurden viele ermutigt, wieder zu ihrer Kunstform zu stehen und sie öffentlich auszuüben.

> *Storm:* So kam es, dass Europäer dann neue Einflüsse und Impulse nach New York zurück bringen konnten. In New York haben sie gedacht ›Oh shit, bei uns war es nur eine Modeerscheinung, wir müssen was tun. Denn eigentlich sind wir diejenigen, die damit angefangen haben!‹ Daraufhin fingen viele wieder an zu tanzen. (2011)

Okumura bezeichnete die Jahre ab 1985/86 als »winter period of B-Boying« (Okumura 1998: Breaking). Trotz vielfältiger Unterstützung brauchte *Breaking* mehrere Jahre, um in den USA wieder in der Öffentlichkeit präsent zu werden. Fernando datiert das erneute Auftauchen zeitgleich mit dem öffentlichen Auftreten der *GhettOriginal Production Dance Company* auf 1992.

> *Storm:* 1991 war ich in New York. Ich habe da eine Zeit lang gewohnt und wir haben eine Company gegründet, die nannte sich *GhettOriginal*. Zusammen mit Mr. Wiggles, Fabel,[64] Crazy Legs, Ken Swift und den ganzen alten Rock Steadys. Akanni kam später auch dazu, ab 1995 ist er richtig eingestiegen. (2011)

*GhettOriginal* bestand aus Mitgliedern der *Rock Steady Crew* und Tänzern weiterer namhafter New Yorker Crews wie den *Rhythm Technicians* und *Magnificent Force*. Sie sind in der HipHop-Szene nicht nur für herausragende Skills bekannt, sondern auch für die Konsequenz, mit der sie während der schwierigen Periode ihrem Tanzstil treu geblieben waren. Sie choreografierten zu Beginn der 1990er Jahre ein eigenes Musical mit dem Titel »Jam on the Groove«.[65]

---

64 *Popmaster Fabel*, Mitglied der *Rock Steady Crew*, *Magnificent Force* und *Electric Boogaloos*, zählt ebenfalls zu den großen New Yorker HipHop-Pionieren.

65 Aufführungen gab es u. a. im New Yorker Lincoln Center, Kennedy Center, dem Wiener Tanzfestival, Jean Vilar Theater in Paris und dem Amerikanisch-Japanischen Festival in Tokio. Von meinen Interviewpartnern tanzten *Storm*, *Akanni* und *Kwikstep* in diesem klassischen HipHop-Stück.

*Akanni:* It's cool, it's a fat show, »Jam on the Groove« is a fat show, GhettOriginal was a very strong group and they had a big hand in helping to bring it back. Because of people like Wiggles and Kenny [Ken Swift] and Adesola [Adesola Osakalumi]. Especially Adesola is a story! He is one of the leaders. Just his example is a story of its own. He is a guy who was dancing in New York when every HipHop dancer was critizing Popping and Locking. He never gave up. He was like ›I keep doing it. I don't care who is talking about me‹. And all of a sudden the scene started building up and everybody who was critizising was starting to do it again. Wiggles never stopped. That's basically what makes GhettOriginal.
*I:* And was it created to bring Breaking back?
*Akanni:* Or teach HipHop culture and help bringing it back. (1997)

In »Jam on the Groove« werden verschiedene Facetten und Schwerpunkte der Tanzformen in Sequenzen wie »Portrait of a Freeze«[66] oder dem kontemplativen »Moments in Time«[67] zum Song »Moments in Love« von *Art of Noise* herausgestellt. Der wichtigste Punkt war jedoch, dass sich Leute wieder zusammenschlossen, die sich zuvor gedisst und von einander isoliert hatten.

*Akanni:* We were so afraid of all this critizising that we kind of held back. But after that we were like ›Ok, we got enough support and we don't want to throw it away like we did it then‹. So now, everybody is trying to support each other a little bit more. One group is behind the other group. So now you see circles and a Breaker will break: Instead of people looking at him like that [negative gesture: disapproving look, folded arms] all Breakers will be clapping and they do a move. And that's pretty consistant. You know? It's nice. (1997)

/// RESPECT! *Akanni* beschreibt die Entwicklung zu einem engeren Zusammenhalt unter den Tänzern. Priorität hatte zu Beginn der 1990 Jahre für alle die Bewahrung ihrer Tanzformen und der gegenseitige Support wirkte sich

---

66  www.youtube.com/watch?v=W0tsvRQ88bQ (aufgerufen am 21.7.2015)
67  www.youtube.com/watch?v=S7xRXQaBMv8 (aufgerufen am 21.7.2015)

schnell positiv aus. Auch wenn es in der Szene immer wieder erbitterte Streitereien um Credits für bestimmte Moves und andere Erfindungen gibt – die Tänzer achten bis heute sehr darauf, Respekt zu entwickeln und zu kommunizieren, um die Gemeinschaft zu stärken, die Tänze und das Potential der Kultur zu erhalten. *Kwikstep* und *Rokafella* trainieren in ihrer Company *Full Circle* gemeinsam Jungen und Mädchen, von Anfängern bis hin zu Fortgeschrittenen. Respekt unter den Tänzern aufzubauen, ist ein wesentlicher Bestandteil ihres Unterrichts.

> *Kwikstep:* The young kids that I teach, I really try to show them love. What that really means, you know? I make sure they have love and respect for one another before they become B-Boys or B-Girls. They have to be gentlemen or ladies first. Outside of the dance room you are not a B-Boy or a B-Birl, you are a human being first. (2011)

Konkret bedeutet dies, nach dem Geben-und-Nehmen-Prinzip zu verfahren und das sehr transparent und nachdrücklich zu vermitteln. Es muss ein Gefühl für sich selbst und die eigenen Bedürfnisse und Rechte entstehen. Gleichzeitig muss aber auch ein Blick über die eigene Position hinaus entwickelt werden, damit Einfühlungsvermögen in andere möglich wird und Auswirkungen des eigenen Handelns eingeschätzt werden können. *Kwikstep* und *Rokafella* setzen dieses Prinzip direkt in ihrer Arbeit um und machen es für ihre Schüler unmittelbar erfahrbar.

> *Rokafella:* This is the way we've been doing it for like 20 years now. We have a space, we invite beginners, we teach beginners from the very beginnings. Sixstep, CC Backrock. But then we have advanced. So that the beginners can look at the advanced and say ›Oh, I wanna be like that one day‹. And then we tell the advanced ›While you're here, you have to help some beginner. You have to. Because we're teaching you for free‹. (2011)

Respekt wird von den Leitern vorgelebt. Es geht jedoch nicht nur um den Respekt der Tänzer untereinander, sondern auch um die Haltung von *Kwikstep* und *Rokafella* als Lehrer gegenüber ihren Schülern.

> *Kwikstep:* I am not trying to tell you what to do. I am trying to show you and share what you do. (2011)

Selbstverständlich kann *Breaking* wie jeder andere Tanz auch in Seminarform unterrichtet werden von einem Lehrer, der vorgibt, was zu tun ist. Häufig wird *Breaking* jedoch von Mitgliedern der Kultur an Jugendliche weitergegeben, denen es auch darum geht, für sich selbst etwas zu entdecken. In diesem Fall läuft die Vermittlung eher in Form eines offenen Angebots ab. Mentoren stellen einen Raum zur Verfügung, machen Vorschläge zum Training und sind daraufhin bei Bedarf behilflich. Dies erfordert sehr viel Erfahrung und Fingerspitzengefühl.

> *Rokafella:* You have to be sensitive as a teacher. We have to allow for freedom, because that's what Breaking is. It's an expression of freedom. Because it's so rebellious. And you have to allow this spirit to manifest and to support it. You cannot ignore it by ›Only this way‹. You have to say ›Ok, ok, keep growing, keep growing‹. Sometimes we try to persuade, we try to convince them. But if there is a little bit of resistance you have to respect. You have to respect because all of these people have experienced some sort of painful thing. So I can't remind them of their pain. This is the escape! I can't make the escape as bad as the problem. (2011)

Die letzten Sätze von *Rokafella* machen sehr deutlich, dass sich in diesem Zusammenspiel von körperlichem Training, künstlerischem Ausdruck und praktischer Orientierungshilfe das volle Potential von HipHop entfalten kann. Die Methode des sogenannten ›offenen Trainings‹ ist im *Breaking* sehr verbreitet. Interessenten finden sich ein, die Leitung stellt die Musik an und jeder trainiert zunächst für sich. Wie ein solches Training weiter verläuft, entscheidet sich in der Regel vor Ort. Wenn sich herausstellt, dass viele an denselben Sachen arbeiten, können diese im Plenum gezeigt und geübt werden. Oder es bildet sich eine kleine Gruppe, in der man sich dafür gegenseitig hilft. Der Leiter geht von einem zum andern und unterstützt je nach Bedarf. Es kann auch Theorieeinlagen, zum Beispiel über Basics, HipHop-History oder auch Themen wie ›Respekt‹ geben. Die Leitung durch ein Paar ist eher selten. In dem speziellen Fall von *Rokafella* und *Kwikstep* wird den Kids zusätzlich unausgesprochen Respekt zwischen den Geschlechtern vermittelt.

*///* B-GIRLING. *Rokafella* repräsentiert und fördert in der *Full Circle Dance Company* eine große Anzahl weiblicher Breaker, B-Girls. Es gibt durchaus eine weibliche Breaker-Szene, zahlenmäßig ist diese jedoch nicht zu vergleichen mit der der Männer. Zu Anfang der Entwicklung von *Breaking* waren Frauen relativ gleichwertig vertreten und auch heute ist die Tendenz unter den B-Girls definitiv steigend. Durch die Zunahme von Akrobatikelementen in den 1980er Jahren bedingt, scheint es fast logisch, dass Frauen ›aus dem Rennen‹ geworfen wurden. *Rokafella* sieht den Grund dafür allerdings in unterschiedlichen Erziehungsweisen und klischeehaft tradierten Rollenverteilungen von Jungen und Mädchen begründet.

> *I:* Is there a special form of B-Girling? Or is it really exactly the same what the men do?
> *Rokafella:* Depending on the B-Girl. You know, there's B-Girls who look like the guys. And there's B-Girls who look very feminin and very different. So, maybe for the B-Girl there's a little bit more freedom. Maybe, you know, being able to move a little softer, whatever. But for me, I always had to do it like the boys. I always just learned what the guys did, because that's where the vocabulary was created. From a man's body. So, I think that B-Girling is the same as B-Boying.
> *I:* Basically you would agree that Breaking is a male body language?
> *Rokafella:* See, but that's the thing. Like we're saying ›male body‹ only because they were the first to do it. But it really is asexual. It's not like you need testosterone, or you need certain organs to make the move. You don't. It just happened that they were the first ones to create it,

but you don't need their hormones to do it. So, to me it's not like a male dance, it's just a very physical and aggressive dance. A lot of times we like to attribute those qualities only to men. A woman can't be aggressive, a woman can't be physical. It's a tricky thing for me sometimes to try to describe or define.
*I:* Where are the physical limits?
*Rokafella:* As a B-Girl? No, there's no limits. There really isn't.
*I:* As opposed to a man, is it not that the man is stronger or the way he's built allows him to make these moves easier?
*Rokafella:* You mean because of the center of gravity? No, no, I've seen B-Girls doing the same moves. All around the planet. So it's not that we can't do them. It's that who is training us? Who is preparing us? I feel like I was trained to be strong, because I was an athlete before. From my eleventh year until I was 18 years old I was playing Basketball, doing the weights. I did push ups in the gym for maybe seven years in my life, maybe more. So, when I come to B-Girling, I'm ready for hard work. I'm ready for discipline. But many B-Girls are not. Because the guys when they're little they are already playing football, they are already running, jumping. We don't do that. Or, we'd like to, but our parents say ›Oh no, no, be careful, be careful!‹ Because the idea is, you will be a mommy one day. But that's not for everybody. And if you see that you have a daughter who is physical and maybe does Kung Fu or gymnastics, this person can also become a dancer. A Breaker. (2011)

# Tanz vs. Akrobatik?

*Irgendwann verstehst du, dass du du selbst sein sollst.
Egal was du machst. Auch beim Tanzen.*

TOMEK

Die ersten HipHopper aus der Bronx wollten alle mit ihrer Kunst auf sich aufmerksam machen. Der akrobatische Breaking-Stil erfüllte diesen Zweck in vollem Umfang. »Breakdance« ist bis heute in der Öffentlichkeit ein geläufiger Begriff, der für viele synonym mit ›Akrobatikfiguren‹ steht. In den 1980er Jahren hatten diese Elemente dominiert, und mit ihrer Tendenz den gesamten Tanz zu definieren und ihm einen energetischen, kraftvollen Charakter zu verleihen, faszinierten sie Akteure und Zuschauer gleichermaßen. Die Moves sind allerdings eher gymnastisch als tänzerisch ausgerichtet, und obwohl viele Breaker mittlerweile einen unglaublichen Perfektionsgrad erreicht haben, ist es immer noch schwer, bei diesen Bewegungen Style und Individualität zu zeigen. Auch der Groove kann kaum angemessen betont werden, da die Akteure bei den *Spins* eher kreiseln, statt sich beispielsweise rhythmisch zu drehen. Breakern wurde deshalb der Vorwurf gemacht, sie bewegten sich nicht wirklich im Einklang mit der Musik, und damit sei ihr Stil auch kein richtiger Tanz. Somit entstand eine Diskussion um die Akrobatikelemente, die bis in die Gegenwart andauert.

Mitglieder der *Rock Steady Crew* schlugen bereits zu Beginn der 1990er Jahre vor, sich wieder verstärkt auf *Footwork* und *Style Moves* zu konzentrieren (Okumura 1998: Breaking). Andere Breaker erkannten das Dilemma ebenfalls und suchten nach neuen Wegen, den Stil in tänzerischer Richtung auszubauen und zu verfeinern. In dieser Zeit waren viele HipHopper sehr bemüht, die Westcoast-Tänze *Popping* und *Locking* gleichwertig zu den Akrobatikelementen zu promoten. Das Problem war, dass die Akrobatikmoves zu inflationär eingesetzt wurden. Es gab zu viele Breaker, die in erster Linie ihre *Power Moves* zeigen wollten, was vom Publikum in dieser Ausschließlichkeit nicht mehr honoriert werden konnte. *Breaking* läuft Gefahr, die Verbindung zu seiner Urform, dem Tanz, zu verlieren, wenn die Akteure die Musik ignorieren und diese nur als eine Art Soundtrack im Hintergrund läuft. Wenn dies passiert, haben Kritiker recht mit ihrem Urteil,»Breakdance« wäre eher ein Sport. *Freeze La Roc* und *James* sahen dies genau so:

> *Freeze La Roc:* Ich sag's mal so: Wenn ich jeden Tag die Kopfdrehung trainiere, dann ist das für mich eine Art Turnen. Wenn jemand kommt und sich nur auf dem Kopf dreht, das ist zwar alles schön und recht und gehört ja auch dazu, aber der Kerl muss auch tanzen können! Das ist das A und O. Die gesamte Aktion basiert auf der Musik! Setze ich mich mit der Musik auseinander, mache mir Gedanken ›Wie bewege ich mich dazu?‹ und lerne, mich auf die Musik auszudrücken – dann ist das ein ganz anderes Niveau. Aber auch da muss man unterscheiden. Mittlerweile ist zum Beispiel das Kopfdrehen so weit entwickelt, dass sich die Tänzer viel mehr Gedanken über Ausführung und Einsatz der einzelnen

Moves machen als früher. Das ist nicht mehr bloßes Auf-dem-Kopf-drehen. Die Leute sind so fortgeschritten, dass die sich Sachen einfallen lassen ... Das ist schon abartig. (1997)

Musste man früher zu HipHoppern Kontakt haben, sich nach gewissen Vorgaben richten und bestimmte Regeln beachten, kann man den Tanz heute ganz locker lernen, ohne sich einen Hauch für das ›Drumherum‹, also die kulturellen Inhalte zu interessieren. Und so gibt es mittlerweile auch viele Breaker außerhalb der HipHop-Kultur.

*Tomek:* Es gibt auch Leute, die teilweise B-Boying tanzen, vielleicht auf eine neue Art mit viel mehr Akrobatik, aber schon so, dass es wie B-Boying aussieht. Die interessiert aber nicht, wo es herkommt und was dazu gehört. Und dann sagt man zu ihnen: ›Hier, aber da ist Musik, hör mal der Musik zu‹. Und dann antworten die: ›Ja, aber ist mir egal, ich mach mein Ding. Ich mache kein B-Boying‹. Er will nicht B-Boy genannt werden, ist aber auf B-Boy-Veranstaltungen und macht zum Beispiel bei Battles mit.
*I:* Ist das dann für dich kein B-Boying, weil er sich nicht so differenziert mit der Musik auseinandersetzt? Weil der zum Beispiel gar nicht auf dem Beat ist, sondern nur was Akrobatisches macht?
*Tomek:* Bei manchen sieht es wirklich aus wie auf dem Gymnastikboden. Manche springen nur in der Luft herum oder wirken sehr steif und ignorieren die Musik. Und auch den Hintergrund. Jeder soll sein Ding machen, jeder soll individuell sein, aber man sollte schon wissen, dass da auch Foundations sind. (2011)

Es wäre ein Trugschluss, zu denken, dass es sich in solchen Fällen um ein grundsätzlich neuartiges Phänomen handelt. Schon in den Anfangstagen von HipHop gab es Breaker, die nicht primär künstlerische Ambitionen verfolgten, sondern eher auf spektakuläre Figuren und auf Wettkampf aus waren (s. *Klown* in Kapitel »Battles«), und auch in den 1990er Jahren gab es diese Fälle.

*James* wies bereits damals darauf hin, dass jeder für sich selbst entscheiden muss, wie und warum er den Tanz ausüben möchte.

> *James:* Es gibt ja sehr viele B-Boys, leider, sagen wir mal, die tanzen nur, um Frauen anzumachen. Die sehen, es bringt Prestige, was die guten Leute machen und sagen sich dann ›Das will ich auch können‹. Aber wenn Tanzen wirklich dein Ding ist und du es richtig machen willst, musst du einfach wissen, was alles dazugehört. Zum Beispiel, bevor du auf den Boden gehst, musst du Uprocks machen. Das ist sehr wichtig, und viele können oder wissen das gar nicht! Oder dann: Floor Rocks. Die müssen sein! Die musst du können, wenn du diese Power Moves machst. Die reichen allein nicht aus! Du kommst nicht weiter damit. Du musst einen eigenen Style entwickeln. Das ist es nämlich. (1997)

Einen eigenen Flow zu entwickeln und sich mit dieser eigenen Version gegen andere zu behaupten, macht das Wesen von *Breaking* aus. Das Diskursprinzip, nachdem eine extreme Haltung ihre Gegenposition herausfordert, wurde schon im Kapitel »Rap« dargelegt. Ebenso verhält es sich auch in dieser Diskussion: Eine zu große Konzentration auf Akrobatikelemente bewirkte bei vielen eine regelrechte Ablehnung mit der Begründung, diese seien nicht tanzbar. Dazu kommt, dass eine Fokussierung auf Akrobatik auch die Entwicklungsmöglichkeiten sehr stark einschränkt, denn diese Moves lernt man – wenn überhaupt –, bis man Mitte oder Ende 20 Jahre alt ist. Viele Tänzer machten sich dies bewusst und setzten entsprechend andere Schwerpunkte.

> *Tomek:* Ich war gerade in New York bei einem Workshop von Ken Swift und da ging es auch darum, was man einerseits tänzerisch können muss und wie lange man andererseits grundsätzlich tanzen will. Ich zum Beispiel will vielleicht mit 50 Jahren noch tanzen. Und da geht es dann darum, es mit Foundations nach vorne zu bringen und sich nicht so zu fixieren ›Ich muss dies können, ich muss das können, ich muss viel krasser sein‹. Das war für mich so eine Inspiration von Ken Swift, einfach weiter zu machen, auch wenn ich älter bin. Und nicht jetzt irgendwie

krasse Verrenkungen machen zu müssen, damit irgend jemand jubelt. Das interessiert mich nicht. (2011)

Der häufige Streitpunkt lautet: Tanz und Auseinandersetzung mit der Musik versus spektakuläre Akrobatikmoves. Problematisch wird es, wenn Akrobatik ganz ausgeschlossen werden soll. Dies provoziert Größen wie *Kwikstep*:

> *Kwikstep:* If you are not able to do Power Moves to the music it's fine with me if you focus on the other elements. But don't say that Power Moves should not be part of Breaking anymore! And above all: if I am able and if I can do it – don't tell me that I am not dancing! (im Gespräch 2014)

Im Kapitel »Graffiti« wurde zum Thema legaler *Graffiti*, die in Galerien und Museen ausgestellt werden, eine Diskussion über widerstreitende Standpunkte aufgezeigt. Auch hier ist entscheidend, dass es nicht um Entweder – Oder geht und dass nicht eine Seite die andere ausschaltet. Es geht vielmehr um die Frage, wie beide Versionen zugelassen werden können. Mit zunehmendem Ausbau von *Top Rock* und *Footwork* wurde das tänzerische Niveau wieder erhöht. Der Tanz wird dadurch allerdings immer umfangreicher, so dass es fast unmöglich erscheint, ihn komplett zu beherrschen.

> *I:* Breaking ist der Tanz auf dem Boden. Kann man das so noch sagen?
> *Storm:* Ja ok, aber beim B-Boying gibt's ja auch Top Rocks. B-Boying unterteilst du ja in zwei Formen, Top Rock und Down Rock.
> *I:* Aber das Charakteristikum von Breaking ist doch der Bodentanz?
> *Storm:* Nee. Gehört beides dazu, Top Rock genauso wie Down Rock. Gerade in den 1980ern war es so, dass mehr Wert auf die Akrobatik am Boden gelegt und Top Rock vollkommen vernachlässigt wurde. Aber gerade heute, wenn du jetzt mal wieder guckst, dann siehst du, wenn die Leute oben nicht wirklich Style haben, dann war's das schon. Nachdem die Sachen aber so komplex geworden sind, ist es natürlich immer schwieriger zusammenfassend in allem wirklich gut zu werden … (2011)

Manche sehen sich angesichts dieser Dimensionen vielleicht vor unlösbar erscheinende Aufgaben gestellt. Andererseits kann aber genau dies dem einzelnen Tänzer mehr Wahlmöglichkeiten bieten und Perspektiven eröffnen, seinen eigenen Stil prägnanter herauszubilden. *Top Rock* ist mittlerweile so eigenständig geworden, dass es über den Bestandteil von *Breaking* hinaus eine eigene Kategorie darstellt, auch bei internationalen Veranstaltungen, zum Beispiel beim französischen Street Dance Festival »Juste Debout«. Auf dem großen Breaking-Event »IBE« in Heerlen, Niederlande, gibt es einen eigenen Battle für *Power Moves*.

Letztlich ist Tanz für den Tänzer ein Gefühl, und dies entscheidet über die Schwerpunkte, die der einzelne für sich setzt. Es ist ein unglaubliches Gefühl, durch die Luft zu fliegen oder sich in rasendem Tempo um die eigene Achse zu drehen. Ebenso ist es eine phantastische Erfahrung, sich dem Groove zu überlassen oder zu erleben, wie der eigene Körper die unzählige Male eingeschliffenen Bewegungen völlig natürlich und scheinbar selbstständig ausführt. Häufig wird unterstellt, dass mit Akrobatikeinlagen in erster Linie Wünsche von Zuschauern und Geldgebern erfüllt werden sollen. *Storm* postete dazu auf seiner Facebook-Seite ein Foto, das ihn beim Salto zeigt, versehen mit dem Kommentar: »How can you think we do all these things for your eyes, to give you a treat, when you don't know how it feels doing it?« (Facebook-Eintrag von »Niels *Storm* Robitzky« vom 25.6.2013) Dieses Gefühl möchte man sich als Tänzer immer wieder holen – und es liegt im eigenen Ermessen, sich für oder gegen Akrobatik zu entscheiden.

# Westcoast Styles

*And we show them that we hit on the drum. Every count.
You know? We really break it down.*

THOMAS

Locking und »Popping«,[68] zwei große Tänze von der Westcoast, die zeitlich vor *Breaking* und HipHop auftraten, wurden von HipHoppern aufgegriffen und in die Kultur integriert. Sehr viele Tänzer aus der Kultur tanzen die Styles, und sie werden auch auf HipHop-Old School-Jams repräsentiert. Es gibt aber auch Westcoast-Tänzer dieser oder ähnlicher Stile, die sich nicht

---

68  »Popping« steht hier als Sammelbegriff für verschiedene Stile – und deshalb in diesem Kapitel in Anführungszeichen. Wie im Folgenden ausgeführt wird, ist *Popping* gleichzeitig ein einzelner Tanz unter vielen. Der Name wird jedoch auch von mir in diesem Buch als Kategoriebezeichnung für verschiedene Tänze gebraucht.

als HipHopper begreifen oder eine Verbindung mit HipHop sogar ablehnen.[69] »Popping« und Locking sind heute, wie Breaking, jeweils so spezialisiert, dass es auch hier fast nicht mehr möglich ist, beide Tänze gleich gut zu beherrschen. Da Locking zeitlich früher entstand und als Vorläufer von »Popping« gesehen werden muss, ist diese Tanzform hier als erstes in ihren Grundzügen dargestellt.

*III* LOCKING. Locking entstand an der amerikanischen Westküste (vornehmlich in den Stadtteilen Watts und Compton, Los Angeles). Viele Bewegungen basieren auf relativ einfachen, rhythmusbetonten Schritten aus den sogenannten Social Dances,[70] die in Clubs, Schulen und auf der Straße zum Funk der späten 1960er Jahre getanzt wurden. James Brown hatte diese Moves in seinen Shows aufgegriffen und damit besonders populär gemacht. Locking wird vorwiegend im Stand getanzt und ist sowohl ein Solo- als auch ein Synchron- oder Partnertanz.

Thomas: Locking is the dance where you point and do some dance steps. It is more like a funky thing, you try to move funky. (1997)[71]

Die Basisfigur geht zurück auf den Straßenkünstler Don Campbell, der 1969 den Campbellock erfand. Die Legende besagt, dass Don Campbell nicht wirklich bei den Social Dances mithalten konnte und deshalb immer, wenn er nicht weiter wusste, improvisierte Stopps beim Tanzen einbaute. Es handelte sich quasi um Mini-Freezes, denn im Einklang mit der Musik nahm er schlagartig markante Positionen ein und hielt diese für kurze Zeit. Eine spezielle Pose, die scheint,

---

69  Der *Fillmore Strut* ist zum Beispiel ein eigener Tanz aus der Bay Area, der große Ähnlichkeiten mit »Popping« aufweist. Die Tänzer wehren sich gegen eine rückwirkend verordnete Namensgebung von Figuren durch Vertreter der HipHop-Kultur. Die bekannteste Crew ist *PT-3000* mit *Frisco Popper, A-1* und *Pop Tart*, der 2006 die CD »The Day before HipHop« veröffentlichte.

70  Eine anschauliche Zusammenstellung verschiedener Schritte und Moves gibt es zum Beispiel hier: Social Dances from the 70's, 80's and 90's https://m.youtube.com/watch?v=pyEF8jgboPI (abgerufen am 8.3.2015).

71  Gerade die Informationen über die Westcoast-Tänze haben seit dem Internetboom zu Beginn der 2000er Jahre entscheidend zugenommen, so dass die Aussagen unbedingt zeitlich eingeordnet werden müssen.

als würde die Figur des *Funky Chicken*[72] mitten in der Bewegung abgebrochen, kristallisierte sich dabei heraus und wurde zu *The Lock*.

In den frühen 1970er Jahren gründete *Don Campbell* seine erste Tanz-Crew *The Lockers*. *Locking* wurde offiziell bekannt, als die Choreografin *Toni Basil* die *Lockers* entdeckte. Sie verhalf der Gruppe und damit auch dem Tanz durch Auftritte in TV-Werbespots und in Shows zu Bekanntheit und Erfolg. Kultstatus erlangte der Tanz jedoch durch die Sendung »Soul Train«, in der *Toni Basil* die Chefchoreografin war.

### /// SOUL TRAIN

»Soul Train« war eine seit 1971 ca. 30 Jahre lang wöchentlich in L. A. produzierte und in den gesamten USA ausgestrahlte Sendung. Tanz wurde hier extrem gefördert und einzelne Tänzer mit ihren Kreationen gleichberechtigt neben Musikern respektiert und unterstützt. Es gab in den 1970er und 1980er Jahren wohl keine musik- und tanzinteressierten Jugendlichen, die diese Sendung nicht kannten. Die Lockers waren regelmäßig dort zu sehen. Don Cornelius (1936–2012), der Produzent und Host, moderierte die Sendung bis 1993. »Soul Train« sorgte mit Sicherheit für die Verbreitung der Funkstyle-Tanzformen – später auch für Breaking – und Anerkennung für gute Tänzer in den gesamten USA. \\\

*Don Cornelius* präsentierte *The Lockers* nach einem Auftritt in seiner für ihn typischen ruhigen, respektvollen Art:[73] Zunächst begrüßte und beglückwünschte er *Toni Basil*, danach stellte er die Tänzer *Fluky Luke*, *Fred Berry*, *Shabba Doo*,[74] *Slim the Robot*, *Greg Poke* und *Don Campbell* namentlich vor und ergänzte »I think this group will always been remembered as pioneers in that area«. Die Tänzer trugen in ihren Shows Plateauschuhe, Ringelstrümpfe, weite Hosen,

---

72 *Rufus Thomas* gibt in seinem Song »Do the Funky Chicken« von 1969 die Anleitung zu diesem Move: »You raise the left arm up / And your right arm too / Let me tell you what to do / Start both of 'em flapping / You start your feet to kicking / That's when you know / You doin' the Funky Chicken«.

73 http://youtu.be/HhofILkkOX0 Lockers on Soul Train ToniBasilsHouse (abgerufen am 8.4.2015).

74 *Shabba Doo* wurde später einer der Hauptdarsteller in den Filmen »Breakin' 1« und »Breakin' 2« und ein gefragter Choreograf, u. a. für *Madonna*.

die bis zu den Knien reichten, bunte Satinhemden mit riesigen Kragen, große Hüte und weiße Handschuhe. Der clownartige Stil ist bis heute ein typisches Locking-Outfit. Man sollte *Locking* jedoch nicht darauf reduzieren, sondern berücksichtigen, dass *The Lockers* Top Acts in einer äußerst populären amerikanischen Fernsehshow waren, die auch Kinder und Jugendliche ansprach. Von daher wurde der Tanz dort insgesamt eher effektvoll – und wahrscheinlich auch harmlos – präsentiert. *Locking* wurde ebenfalls von Gangmitgliedern getanzt. OG (in diesem Fall ›Original Gangster‹) oder ein guter Tänzer zu sein, waren wirksame Mittel, sich Respekt innerhalb einer Gang zu verschaffen. Charakteristische Bewegungen der »Crips«[75] wurden sogar tänzerisch aufgegriffen, unter anderem ein Move, der durch *Locking* als *Crip Walk* bekannt wurde.

Die Herkunft des Namens ›Locking‹ ist nicht ganz eindeutig. ›To Lock‹ bedeutet ›verschließen‹. Wahrscheinlich ist er auf die Grundtechnik zurückzuführen, die schnellen Bewegungsabfolgen des Tanzes immer wieder durch deutliche Stopps zu unterbrechen. Cross schreibt: »Locking is named for the locking of the joints that characterize the dance« (Cross 1993: 19). Durch die Pausen, die auf den Beat extrem ausgereizt werden, entsteht eine Spannung, die sich in den nachfolgenden tempogeladenen Moves entlädt, bis diese erneut von einem *Lock* gestoppt werden. Das kontinuierliche Wechselspiel erzeugt die ungeheure Dynamik dieses Tanzes. *Locking* kann unter Umständen auch im Sinne von ›auf- und zuschließen‹ verstanden werden, denn auch damit können viele Bewegungen assoziiert werden. Im *Locking* werden einzelne Körperteile scheinbar unkontrolliert aus der Form ›geschleudert‹ und sofort wieder – wie ein Schloss, das auf- und zuschnappt – in die kontrollierte Ausgangsposition zurückgebracht.

*///* KURZBESCHREIBUNG EINIGER FIGUREN. Ein Beispiel dafür sind die typischen Armkurbeln, die *Wristrolls*: Die Hände werden aus einer entspannten Position neben dem Körper hängend als lose Faust in einer auswärts gerich-

---

75 Die Gang der »Crips« formierte sich um 1972 in Los Angeles. Ebenso wie die New Yorker Gangs füllten sie eine Lücke, die die Black Organizations infolge ihrer Auflösung durch das Cointelpro-Programm des FBI nach den »Watts Riots« von 1965 hinterlassen hatten. »Crippin' is the name taken by the founders of the now famous organization for their particularly manacing way of walking. It referred to ›crippled‹« (Cross 1993: 30f.).

teten Drehbewegung nach oben ›geworfen‹ und exakt denselben Weg wieder zurückgeführt. Am Ende einer solchen Figur soll es im Idealfall so aussehen, als wäre nichts geschehen. Die Arme dürfen nicht in einer angespannten, gebeugten Position verharren, die die Anstrengung der zuvor ausgeführten Moves erkennen ließe. Sie werden oft so schnell ausgeführt, dass sie vom Zuschauer visuell nicht erfasst werden können. Wenn dazu der Effekt eintritt, dass die Figur wieder rückgängig gemacht wird, indem sie in die Ausgangsposition zurückschnellt, weiß der Zuschauer oftmals nicht, wie ihm gerade geschieht und ob er richtig gesehen hat.

Im *Locking* scheinen ständig unkontrollierte und kontrollierte Bewegungen auf einander zu folgen, und auch die Körperhaltung wechselt kontinuierlich zwischen Überstreckung und Sich-Zusammenziehen ab. So gut wie alle Figuren sind definiert und benennbar. Sie verlangen viel Kraft und Kondition, um sie im hohen Musiktempo in der geforderten Exaktheit auszuführen. In seiner humoristischen Variante ist dieser Tanz mit seinen Bewegungsabläufen und seiner Mimik dem Comic oder der Karikatur verwandt. Man kann die Bewegungen aber auch in aller Schärfe und mit nahezu unbeweglicher Miene ausführen und eine Coolness oder Aggressivität zum Ausdruck bringen, dass beim Zuschauer nicht der geringste Eindruck von Anstrengung entsteht und kein Zweifel an der Souveränität des Tänzers aufkommt. Die Mimik ist ein unbedingtes ›Muss‹. *Locking* ist ein Tanz, in dem die Dinge sehr direkt, zum Teil auch auf witzige Weise dargestellt werden. So zeigt oder schaut man übertrieben deutlich auf Gegenstände und Personen. Es sind viele Gesten aus dem alltäglichen Leben der Tänzer integriert, wie zum Beispiel *High-Five*, das gegenseitige Händeklatschen zur Begrüßung oder zur Bestätigung. Eine Abwandlung ist *Self-Five*, indem man sich selbst Respekt gibt, wenn zum Beispiel kein Tanzpartner da ist oder man sich parodistisch zur eigenen Leistung beglückwünscht. Auch die Figur *Pace*, bei der man mit den Armen den schnellen Beat der Hi-Hats aufnimmt, ist eine getanzte Geste. Ebenso gibt es festgelegte Kombinationen über mehrere Zählzeiten, die Bilder bezeichnen wie *Stop'n'Go* oder *Old Man* oder nach ihren Erfindern benannt sind, wie zum Beispiel *Scoo-Be-Doo* und *Skeeter*

*Rabbit*.⁷⁶ Nicht zuletzt zählen auch Akrobatikfiguren zum Repertoire. Eingesprungene Knee Drops, Drehungen in der Luft und Sprünge in den Spagat, aus denen sich der Tänzer ohne Zuhilfenahme der Hände scheinbar schwerelos wieder erhebt, werden eingebaut.

*///* FUNKY MOVEMENT. Tänzerische Vorläufer waren *Social* oder *Party Dances*, die besonders ausgestaltet wurden. Vermutlich flossen auch andere bekannte Bewegungselemente in den Tanz ein.

> *James:* Locking beinhaltet auch viele Jazz-Tanz-Elemente. Das sieht man ziemlich gut in dem Film »Breakin'«. Da kann man Schritte aus dem Step-Tanz, Jazz-Tanz erkennen und auch Bewegungen aus dem Kung Fu. Da ist von allem etwas dabei. (1997)

Jazztanz und Kung Fu beeinflussten eventuell mehr die Dynamik von fließenden und scharf pointierten Bewegungen. Was jedoch konkrete Schritte und Schrittfolgen angeht, steht mit Sicherheit einiges in der Tradition bekannter Tanzformen wie zum Beispiel des American Tap Dance, bei dem mit den Steppeisen ein eigener Beat über die Musik gelegt wird. Auch dort existieren beispielsweise, neben Schritt- und Anschlagtechniken festgelegte rhythmische Abfolgen, die sogenannten Time Steps. Im Unterschied zum Tap Dance ist *Locking* noch raumgreifender. Der gesamte Körper nimmt den Beat und die Dynamik der Musik auf, was dem gesamten Tanz seinen besonderen Drive verleiht und ihn äußerst mitreißend macht. Von Zuschauern hört man häufig, dass sie am liebsten aufgesprungen wären und mitgetanzt hätten. Das auf den ersten Blick im Unterschied zu *Breaking* relativ leicht erlernbar scheinende *Locking* beinhaltet jedoch seine eigenen Tricks, und der Schwierigkeitsgrad wurde – zumindest in den 1990er Jahren – häufig unterschätzt. Selbst Tänzer anderer Disziplinen merkten erst, wenn sie sich selbst im *Locking* versuchten, wie un-

---

76 Dieser Move geht zurück auf den Locker *James Higgins*, der sich *Skeeter Rabbit* nannte. Da später noch ein weiterer Tänzer unter dem Namen *Skeeter Rabbit* berühmt wurde, heißt *Higgins* heute *OG Skeeter Rabbit*. Der zweite *Skeeter Rabbit* war *Stephen Nicols* (1959–2006) von den *Electric Boogaloos*. Er wurde *Big Skeet of the EBs* genannt.

möglich es ihnen oft war, auch die leichtesten Schritte stilgerecht auszuführen. *Thomas* war sich dieser Art der Täuschung bewusst:

> *Thomas:* It is really difficult to learn the Style Moves, I know this. They look very simple and that is why people always think they can just follow. Everybody can go down on the floor and start to walk around and do some dance steps. The difficulty is to look cool down there, be on beat and to move like a dancer. That takes years of experience. (1997)

Die auf den ersten Blick oft harmlos wirkende Spaß-Variante entpuppte sich unter diesem Aspekt als der am schwersten auszuführende Stil. Hier zeigt sich deutlich, dass ein eigenes Bewegungsbild geschaffen wurde: Gerade weil viele Schritte so einfach sind, kommt es besonders auf ihre überzeichnete Ausführung, exaktes Timing und den Character des Tänzers an. Jeder, der schon einmal Tanzunterricht hatte, weiß, dass es oftmals leichter ist, eine markante Figur zu erlernen, als simple Bewegungen wirklich auszutanzen:

> *Freeze La Roc:* Die Schritte beim Locking sind nicht unbedingt so schwer. Aber die Art und Weise, wie du sie ausführst, das Timing, wie du auf dem Beat bist und vor allen Dingen deine Ausstrahlung sind das Entscheidende. Ich kann dir jederzeit jemanden holen, dem die Schritte beibringen und dann jemanden daneben stellen, der's wirklich kann, der das richtig fühlt und die Unterschiede sind so extrem …
> *James:* Ganz andere Story, das ist total anders. (1997)

### /// ISOLATIONS?

Es ist in vielen Tänzen, zum Beispiel auch im klassischen Ballett oder im Modern Dance, eine Grundregel, dass alle Bewegungen von der Körpermitte ausgehen. Dies lässt die Figuren größer wirken und erzeugt beim Tänzer ein ganzheitliches Gefühl. Für den Zuschauer entsteht ein organisches, stimmiges Gesamtbild – gerade auch wenn es um einfache Schritte oder um isolierte Figuren geht. Diese Regel gilt auch für die Funkstile. Wenn beim Locking Bewegungen ausgeführt werden, wie Points, Wristrolls oder Kicks, dann nehmen auch diese ihren Ausgang immer in der Körpermitte. So wirken sie zwar isoliert, ihre tatsächliche Ausführung erfolgt jedoch nicht getrennt, denn der Oberkörper bewegt sich immer mit. Die Betonung des Beats geht ebenfalls von dort aus. Dadurch sieht man einem Tänzer an, ob er seinen Tanz und die Musik fühlt, oder nicht. \\\

\\\ POPPING. Einer der zahllosen Zuschauer, der die Sendung »Soul Train« regelmäßig verfolgte und sich von den *Lockers* anregen ließ, war *Sam Solomon*, der später unter dem Namen *Boogaloo Sam* als Vater des »*Popping*« in die Geschichte eingehen sollte. Zum 1970er Funk, beispielsweise von *George Clinton* oder *Zapp*, entstand »*Popping*« ebenfalls an der amerikanischen Westküste, genauer gesagt, in Nord-Kalifornien in der Bay Area um San Francisco und in der angrenzenden Stadt Fresno. Der Begriff ›*Popping*‹ (to pop: knallen) bezeichnet die harten und abrupt erscheinenden Stopps, die für den Tanz charakteristisch sind. Dabei handelt es sich um Muskelkontraktionen verschiedener Körperpartien und ihr sofortiges Wiederloslassen, so dass optisch ein kurzer, exakt auf den Beat gesetzter Schlag erfolgt.

> *Thomas:* When you pull your muscles together and let them go, that's the Pop. The Popping effect is like you hit something, like you are hitting a wall.[77] (1997)

*Boogaloo Sam* gilt als Namensgeber, weil er diese Akzente stets mit dem Sound ›pop‹ kommentierte. Der *Pop* selbst entwickelte sich zum Basiselement sehr vieler Funkstyle-Tänze. »*Popping*« wird deshalb heute auch als Oberbegriff für sämtliche Stile verwendet, die den *Pop* als Akzent beinhalten, oder damit kombiniert werden.

In seiner frühen Form erinnerte »*Popping*« an Pantomime. Sie wird jedoch nicht als echter Vorläufer angesehen, denn bei ihr liegt der Schwerpunkt auf der ›Sichtbarmachung‹ unsichtbarer Gegenstände (vornehmlich mit den Händen). Der Körper wird in der Pantomime eingesetzt, um eine imaginäre Welt zu erschaffen. Es werden auch hier Roboter dargestellt, jedoch ebenso nicht-

---

77 Die Bewegung und die daraus entstandene Tanzart wurde früher auch *Hitting* genannt.

körperliche Zustände wie Stimmungen. Im »*Popping*« bezieht sich die Illusion auf den eigenen Körper, der im Idealfall wie eine ferngesteuerte menschliche Rhythmusmaschine aussieht. Eher inspirierten Charaktere aus Science-Fiction-Filmen, computeranimierte Figuren aus Videospielen oder Trickfilmen sowie Naturphänomene wie Wasser und Elektrizität viele Effekte und verschiedene Spielarten des Tanzes. *Charlie Robot* [78] war laut Cross 1972 der erste, doch stark von der Straßenpantomime beeinflusste Künstler, der langsame Roboter-Bewegungen zur Musik ausführte. Als die eigentlichen Begründer der Tanzform gelten jedoch *Boogaloo Sam* und die Mitglieder seiner Crew *The Electric Boogaloos*[79] *(EBs)*, weil sie den Tanz am differenziertesten ausarbeiten.

*Storm:* Was wir heute als Popping bezeichnen, ist zurückzuführen auf das, was Boogaloo Sam gemacht hat. Er hat dem Tanz den Namen gegeben, in dem er immer ›pop‹ ›pop‹ ›pop‹ gesagt hat, während er getanzt hat. Die Bewegung selbst gab es natürlich vorher, das ist eigentlich klar und allen bewusst. (2011)

Illusion war in den 1980er und 1990er Jahren eine Hauptattraktion dieses Stils. Erzielt wird sie durch exakte Ausführung bestimmter Bewegungstechniken. Durch Isolation einzelner Körperpartien oder durch Gewichtsverlagerungen werden Bilder von Schwerelosigkeit oder ferngesteuerten Bewegungen hervorgerufen.

*Thomas:* There are certain basic techniques that you should follow to make the illusion, you know? Specially in Popping. That is the illusion dance. In Popping you make yourself look as if you were walking forwards, but actually you do move backwards. Or you blow your body up like a balloon and make waves coming out of your arms. You can make

---

78 Charles *Charlie Robot* Washington war Mitglied der *Campbellockers*, des Vorläufers der *Lockers*. *Slim the Robot* von *The Lockers* gilt als einer seiner Nachfolger.

79 *The Electric Boogaloos* formierten sich 1977 um *Boogaloo Sam*. Ende der 1990er Jahre traten sie erneut auf den Plan und begannen, ihren Tanz in der Originalform weltweit zu verbreiten. Von der ursprünglichen Besetzung sind nur noch *Boogaloo Sam* und *Popin Pete* als EB-Mitglieder aktiv. *Suga Pop* trat 1997 der Gruppe bei, und *Rock Steady Crew*-Mitglied *Mr. Wiggles* kam 1999 dazu.

the waves look like water, or electricity. Or make it look like they are really coming through right [like electricity] and then ending soft [like water]. All these kinds of illusions. (1997)

Bis in die 1990er Jahre dominierten diese Tricks das Tanzbild. Die Notwendigkeit, die Figuren in Einklang mit der Musik zu bringen, musste damals immer wieder betont werden, da die Bewegungen für sich selbst genommen schon beeindruckend waren. *Thomas* gehörte zu den Tänzern, die unermüdlich darauf hinwiesen, diese unbedingt zum Beat auszuführen, denn an dieser Stelle trat – ähnlich wie bei den Akrobatikelementen im *Breaking* – immer die Grundfrage auf: ›Was macht »*Popping*« zum Tanz?‹ Der Mannheimer *George Groove*, der 2003 in Deutschland den Weg für »*Popping*« in der Tradition der *Electric Boogaloos* ebnete, markiert den Startpunkt, wenn sich der Fokus von den Effekten, wie Roboter- und Pantomimefiguren, entfernt:

*George Groove:* Wann ist Tanz Tanz? Wenn du fühlst, dass es richtig ist. Tanz richtet sich nach der Musik. Das Pantomimische fiel wahrscheinlich zuerst ins Auge, aber an der Westcoast hat es eine eher untergeordnete Rolle gespielt. Roboterbewegungen sind eigentlich nur Effekte, denn mechanische Bewegungen hindern dich daran, im Groove zu sein. (2015)

*Michael Jackson* verbreitete diesen Stil weltweit, indem er den *Moonwalk* und den *Backslide* in sein Programm integrierte.[80]

---

80 Umgekehrt konnte *Michael Jackson* seine Popularität durch diese spektakulären Figuren maßgeblich steigern. Besonders der *Backslide* – offiziell unter dem falschen Namen *Moonwalk* in die Welt getragen – wurde zu seinem tänzerischen Markenzeichen. *Michael Jackson* antwortete im Interview mit *Oprah Winfrey*, in dem es hauptsächlich um diese damals rätselhafte Figur ging, auf die Frage »Where did the Moonwalk come from?«: »Well, the Moonwalk came from these beautiful children, the black kids who live in the ghettos, you know, the inner cities, who are brilliant, that just have this natural talent for dancing any of these new – the running man – any of these dances. They come up with these dances, all I did was enhance the dance. [...] *Oprah Winfrey*: »And so you took it from the kids who were doing it.« *Michael Jackson*: »Yeah, because, um, I think they are the real dancers.« www.mjshouse.com/stories/oprah.wm (abgerufen am 19.7.2015)

*Thomas* erklärt die beiden Moves, die seitdem in der Öffentlichkeit die bekanntesten Figuren des »*Popping*« darstellen:

> *Thomas:* Moonwalk is when you create the illusion to be walking on air, on the moon or something. Backslide is when it looks as if you were walking forwards – but actually you are moving backwards. (1997)

Die *Electric Boogaloos*, die ebenfalls zu Michaels Jacksons ›Lehrern‹ und Ideengebern zählten, fokussierten sich nicht allein auf die Erfindung möglichst vieler illusionärer Elemente, sondern verkörperten damit das komplexe rhythmische Gefüge der Funkstücke, auf die sie tanzten. Wie vor ihnen *The Lockers* begründeten auch sie ihren Status offiziell als Originals durch einen Auftritt bei »Soul Train«. Die Ankündigung von *Don Cornelius* lautete: »These very creative young men have invented a dancing style that is becoming very popular. And it is described as Popping or Boogaloo or Creeping.«[81] Dieser Kommentar respektiert gleichzeitig die Einstellung der *Electric Boogaloos*, jede Bewegungsform als einen eigenen Tanz zu begreifen und den Oberbegriff »*Popping*« eigentlich nicht zuzulassen: *Popin Pete*[82] tanzt *Popping*, *Creepin' Cid* tanzte *Creeping*, *Boogaloo Sam* tanzt *Boogaloo*. Außenstehenden fällt es wahrscheinlich schwer, signifikante Unterschiede zwischen den einzelnen Tänzen auszumachen – für Insider existieren jedoch viele detailliert ausgearbeitete Formen. In Performances werden sie, wie auch im besagten Soul Train-Video der *Electric Boogaloos*, kombiniert und auch gemeinhin unter der Sammelbezeichnung »*Popping*« zusammengefasst. Gute Lehrer – die Originals sowieso – weisen in Workshops und auch im regulären Training auf die jeweiligen Stile hin.

> *Storm:* Popping wird heutzutage als Oberbegriff benutzt, um zum Beispiel bei Meisterschaften die verschiedenen Unterstile zusammen zu fügen. Bei Waving hast du keinen Pop. Es ist aber so, dass du eine Welle

---

81  https://m.youtube.com/watch?v=qkc8YduPnOM (aufgerufen am 30.12.2015).

82  *Popin Pete* von den *Electric Boogaloos* ist einer der größten Tänzer der Gegenwart. Inspiriert durch seinen Stiefbruder *Boogaloo Sam* begann er in den 1970er Jahren zu tanzen. Er gilt als der eigentliche Begründer der Tanzform *Popping* und verbreitet seinen Tanz heute auf dem gesamten Erdball.

machst und dann am Schluss klar: ›pop‹, um nochmal ein bisschen mehr Druck zu geben. Aber im Endeffekt könntest du auch Waving tanzen, ohne Pops zu machen. Es sieht halt besser aus, wenn du jedes Mal am Schluss einen Pop machst. Weil der Pop eine Zutat ist, sagen wir zu allen dieser Tänze Popping, denn jeder, der bei dieser Kategorie mitmacht, macht einen Pop. (2011)

/// KURZBESCHREIBUNG EINIGER STYLES. Reines *Popping* ist relativ statisch. Der Tanz wird vorwiegend im Stand ausgeführt und Rumpf, Arme und Beine in unterschiedliche winklige Positionen gebracht, wo der Endpunkt mit einem *Pop* markiert wird. Die Dynamik ergibt sich aus der Betonung durch den *Pop*. Ein Basic Move aus dem *Popping* ist der *Fresno*: Der Tänzer schwingt abwechselnd die Arme gegengleich vor und zurück und endet die Bewegung mit einem *Pop* der Arme und Beine auf eine oder zwei Zählzeiten. Die Fersen bewegen sich mit, so dass sich das Körpergewicht des Tänzers jeweils auf die Seite des vorderen Arms verlagert. Ein Element, welches *Popping* ergänzt, ist die von *Boogaloo Sam* entwickelte *Boogaloo Roll*. Es handelt sich um kreisförmige, isolierte Bewegungen von Knien, Becken und Brustkorb, die zu Schrittbewegungen überleiten oder wieder mit einem *Pop* gestoppt werden. Die Kombination des ursprünglichen, eckigen Popping-Tanzes mit runden Bewegungen und Schrittkombinationen erweiterte das tänzerische Spektrum ungemein und legte den Grundstein für die Etablierung als eigenständige Tanzform. *Boogaloo Sam* selbst nennt seinen Tanz *Electric Boogaloo* oder *Boog Style*. Dieser Stil wurde zum tänzerischen Markenzeichen der *Electric Boogaloos*. Zu weiteren Grundbewegungen gehören Richtungswechsel durch Twists, wie zum Beispiel der *Twist-o-Flex*. Nacheinander werden verschiedene Körperpartien in eine neue Richtung gebracht: durch einen Twist der Hüfte, Umstellen der Füße und abschließend Drehung des Kopfes, vollführt der Tänzer in drei Abschnitten eine 90- oder 180-Grad-Drehung.

Viele Styles haben ihre Namen entsprechend ihres Bewegungsbildes: Bei *Robot* werden die rein mechanischen Bewegungen eines Roboters imitiert. Wenn die Roboterbewegungen mit einem *Pop* enden, spricht man von *Animatronic*. *Animation* bezeichnet den Stil, in dem die Tänzer Bewegungsabläufe von animierten Figuren aus Filmen oder Videos nachvollziehen. Einer dieser Tänze trägt den Namen *Scare Crow*, weil hier mit weit zur Seite ausgestreckten Armen und in verschiedene Richtungen geneigtem Oberkörper die Vogelscheuche aus dem Film »The Wizzard of Oz« nachgeahmt wird. Auch andere signifikante Bewegungsmuster wurden zu einem eigenen Tanz ausgestaltet, der zum Beispiel an Figuren in altägyptischen Wandmalereien erinnert: *Tutting* heißt dieser Stil, bei dem in erster Linie mit Armen und Händen rechte Winkel gebildet werden und der in kleinste Details bis hin zum *Finger Tutting* ausgearbeitet wurde. Bei *Puppet* vollzieht der Tänzer die Bewegungen einer Marionette nach. Auch die Stile *Waving*, bei denen der Tänzer Wellen durch seinen Körper wandern lässt, *Floating* und *Gliding*, scheinbar schwereloses Über-den-Boden-Gleiten, fallen unter die Kategorie »Popping«: In der Regel werden sie mit Styles, die einen *Pop* enthalten, kombiniert oder sie werden mit einem *Pop* beendet. Es gibt auch Spielarten, die den *Pop* selbst in unterschiedlichen Frequentierungen einsetzen. *Ticking* verwendet den *Pop* mindestens im doppelten Tempo. Bei *Strobing* soll ein Effekt erzielt werden, der den Tänzer wie im Stroboskoplicht erscheinen lässt. Hier wird kein *Pop* mehr ausgeführt, sondern eine größere, eigentlich langgezogene Bewegung durch schnelle, exakt getimte Stops in ihrem Lauf unterbrochen.

Im Bewegungsbild von »*Popping*« liegt die Betonung auf Detailarbeit, auf der Ausführung einzelner Moves und Techniken. In erster Linie geht es jedoch auch hier – wie bei allen Tänzen der HipHop-Kultur – darum, Teil der Musik zu werden und komplexe Beats zu visualisieren. Der eigentliche kreative Akt besteht in der Kombination und dynamischen Ausgestaltung der Figuren aus dem großen Repertoire:

> *Freeze La Roc:* Ich bin mir sicher, dass es jeden Move auf der Welt schon irgendwo gibt. Aber die Art und Weise, WIE er dann genau in welchem Zusammenhang ausgeführt wird, ist dann doch eigen. (1997)

*Thomas* benennt seine eigenen Schwerpunkte und beschreibt, wie man sich derartige Kombinationen vorzustellen hat:

> *I:* Do you have some moves that you developed?
> *Thomas:* No. I think I develop combinations and I go more into detail with the moves. I see something and I think ›Ok, yeah that's alright, but‹ – I just change things and put them together in a different way. I don't have a move that is really my move. Very few people have that, I think. Because there is the Body Cracking, the Wave, the Moonwalk, the Backslide … There are even certain basic moves on the ground like the W.[83] You just move in different combinations, you know? So I do have some combinations that are my combinations. Some of them look like a move when I deal with it. But it is just a different combination of small things that I put together. And then I go into detail with the whole thing. (1997)

*///* ELECTRIC BOOGIE. Informationen über »*Popping*« und *Locking* waren in den 1990er Jahren nicht einfach zu bekommen. *Thomas* war für mich damals mehr oder weniger der einzige Ansprechpartner. Auch in der Literatur wurden die Tanzformen nur sehr wenig berücksichtigt. Rückblickend vermute ich, dass es daran lag, dass der eigentliche Tanz der HipHop-Kultur, *Breaking*, in New York entstand und von den Erfindern selbst überzeugend repräsentiert wurde. Varianten der Westcoast-Tänze »*Popping*« und *Locking* wurden durch die HipHop-Kultur zunächst als *Electric Boogie* bekannt und vielfach auch von New Yorker Tänzern verbreitet.

> *Storm:* Electric Boogie ist das, was die New Yorker nachgemacht haben von dem, was sie aus L. A. wussten. In meiner New Yorker Zeit zu Anfang der 1990er Jahre habe ich in keinem Fall gehört ›Du musst das und das lernen von Boogaloo Sam, von Popin Pete, von Skeeter Rabbit‹. Und ich habe 1991 wieder angefangen mit Popping und Locking. Dann kam ich 1995 das erste Mal nach Japan. Und ich dachte in dem Moment

---

83 Figur, bei der der Tänzer aus dem Stand auf die Knie sinkt, wobei die Beine nicht parallel, sondern wie ein X gehalten werden. Wenn der Tänzer seine Position am Boden erreicht hat, beschreiben seine Beine aus der Perspektive des Zuschauers ein großes W.

schon, ich wäre ein einigermaßen passabler Popper. Aber da fiel mir die Kinnlade runter. Was da abging! Ich habe dann Tony Gogo von den Original Lockers kennengelernt, der seit den 1970er Jahren in Japan lebt, und Wild Cherry, der Popin Pete und Skeeter Rabbit seit den 1980er Jahren ständig nach Japan geholt hat, damit sie Unterricht geben. Ich habe die Bewegungen gesehen und da wurde mir erstmal klar: ›Das sind die Sachen, woraus die New Yorker den Electric Boogie gemacht haben …!‹ – was eine Namensveränderung ist, um Electric Boogaloo kürzer zu fassen. Aber es hatte nicht das gleiche Format. Und es war bei weitem nicht so komplex wie das, was die Electric Boogaloos gemacht haben. Bei weitem nicht. (2011)

*Electric Boogie* unterschied sich von der Westcoast-Form auch durch die Musik, auf die getanzt wurde. Ein Electric Boogie-Tänzer war in der Regel Mitglied einer Breaking Crew und brachte seinen Tanz dort auf die häufig elektronisch-spacige Musik der damaligen Breaker ein.

*George Groove:* Elektronische Musik lässt dich niemals grooven. Die eigentliche Musik für diesen Tanz ist Funk. Popping und auch Locking entstanden zur Musik, die von Bands gespielt wurde, von Vollblutmusikern. Electric Boogie hat die ganzen Tricks aufgegriffen und war dadurch visuell sogar stärker als der Tanz, den wir heute als Popping kennen. Tänzerisch war das Niveau allerdings niedriger, man sieht heute auf Videos, dass viele Electric Boogie-Typen off Beat waren. (2015)

Weiterhin war *Electric Boogie* inmitten einer Breaking Crew natürlich auch Battle Style, mit dem man gegen akrobatische Breaking-Figuren antreten musste. Hierin liegt unter Umständen auch nochmal ein Grund für die sehr effektbetonte Tanzweise. Westcoast-Tänzer, die mit *Locking* und »*Popping*« in der Tradition der *Social Dances* standen, zelebrierten Battles lange nicht so wie die Mitglieder der New Yorker HipHop-Kultur.

*George Groove:* Auch an der Westcoast wurde gegeneinander getanzt. Aber da der Ursprung der Funkstile in den Social Dances liegt, liegt eigentlich der Ausdruck ›Party Dance‹ näher. Du feierst zur Musik, nimmst es nicht zu ernst, und es kann überall entstehen. Bei einem Party Dance geht es nicht um Perfektion, sondern darum zusammen zu tanzen. Und wenn ich jetzt mit dir tanze – wie würdest du dich fühlen, wenn ich immer versuchen würde dich dabei zu übertrumpfen? Du würdest wahrscheinlich fragen: ›Was soll das? Tanzen wir zusammen, oder nicht?‹ (2015)

Durch die HipHop-Kultur wurde die internationale Aufmerksamkeit bereits in den 1980er Jahren auf *Locking* und »*Popping*« gelenkt. Jedoch wurde speziell »*Popping*« weder von den Erfindern in der Originalform, noch auf die Originalmusik und auch nicht in ihrer ursprünglichen Intention als *Party Dance* repräsentiert. Die *Electric Boogaloos* und auch *Don Campbell* und *The Lockers* waren in den Medien längst nicht so präsent wie die Breaker, die zu Weltstars wurden. So mussten sich die Tänze in der originalen Westcoast-Form ihren eigenen Weg in die Öffentlichkeit bahnen. Letztlich bot sich den Tänzern ein riesiges Forum – in erster Linie über das Internet und dort spätestens seit dem Jahr 2005 mit dem Start der Videoplattform »youtube« – und damit die Möglichkeit, die Geschichte, auch innerhalb dieses Buchs, noch einmal umzuschreiben.

# Kommuni-
# kation

*The point of all of this is passing information down. Good information.
And you can do your thing.*

ROKAFELLA

Schon *The Last Poets* hatten mit der Text-Zeile »Communicating with me and you« aus »Jazz Poetry« Verständigung untereinander und mit Außenstehenden als besonders wichtig hervorgehoben (vgl. Kapitel »Rap/MCing«). Es geht jetzt um die Frage, auf welchen Wegen sich die Tänze zunächst innerhalb der USA und anschließend weltweit verbreiteten. Persönlicher Kontakt ist notwendig, um die Tänze weiter zu geben, und so stärken sie in besonderem Maße die Gemeinschaft. Letztlich zeigt sich auch, dass HipHop-

Tänze – über Entertainment hinaus – Türöffner zu anderen Communities sein können.

*Popping* und *Locking* wurden bis weit in die 1990er Jahre als in die New Yorker HipHop-Kultur integriert verstanden, und so wird *Breaking* von Außenstehenden und in der Literatur zuweilen als Oberbegriff für alle drei Tanzarten verwendet. Cross bezeichnet *Breaking* als: »the umbrella term to describe the three types of dancing« (Cross 1993: 19). Dieser Autor war sich im Gegensatz zu vielen anderen immerhin der Existenz dreier verschiedener Tanzstile bewusst. Oft las man in den 1990ern nur über *Breaking* oder »Breakdance«, und es blieb unklar, ob *Popping* und *Locking* mit eingeschlossen waren. Die Tänzer dagegen trennten die Stile sowie ihre Herkunft von Anfang an exakt:

> *Freeze La Roc:* Popping und Locking sind im weiteren Gebiet von Kalifornien entstanden und nicht allein in Los Angeles. Es gibt verschiedene Styles und einer davon ist Locking – der ist allerdings tatsächlich aus L. A.
> *James:* Popping und Locking sind sozusagen nach New York gewandert. Die New Yorker haben selbst mehr Power Moves gemacht als die L. A.-Typen.
> *Freeze La Roc:* Was in der Bronx entstanden ist, ist das Breaken. Nur die akrobatischen Sachen. Die Schritte auf dem Boden sind aus der Bronx, die Uprocks und die Power Moves, die Spins und so weiter. Popping ist ausschließlich von der Westcoast. Das hat man im Fernsehen in Soul Train gesehen und so weiter. (1997)

*///* VERBREITUNG DER TANZFORMEN. Durch »Soul Train« erfuhren die Leute aus New York von *Popping* und *Locking* und die von der Westküste von *Breaking*. Man muss sich jedoch vor Augen halten, dass in den späten 1970er und frühen 1980er Jahren zwar Videoaufzeichnungen möglich waren, aber eine einzige Soul-Train-Sendung pro Woche reichte mit Sicherheit nicht aus, um die Tanzstile in ihrer Komplexität von Küste zu Küste zu transportieren. Es ist das Wesen von Tanz, dass die Vermittlung von Mensch zu Mensch erfolgen muss,

wenn es über eine oberflächliche Imitation hinaus gehen soll. Als ein ›Kurier‹ zwischen Ost und West gilt *Suga Pop*. Zu Beginn der 1980er Jahre, also lange bevor er Mitglied der *Electric Boogaloos* wurde, führte er *Popping* und *Locking* bei New Yorkern wie *Mr. Wiggles* und *Popmaster Fabel* ein und brachte anschließend *Breaking* nach L. A.

HipHop und *Breaking* schlugen in den frühen 1980er Jahren an der Westcoast ein wie eine Bombe – auch wenn dort zunächst viele glaubten, es handele sich nur um eine Modeerscheinung. *Orko* und *Lil Cesar* formierten sich in L. A. zu der legendären *Air Force Crew*. *Wilpower* begann 1982 zu breaken und ist seit Beginn der 1990er Jahre ebenfalls Mitglied der Crew.

> *Wilpower:* HipHop was an important thing. When HipHop came to California many people stopped gang fighting. Dancewise we didn't concentrate much on basics, we focused more on difficult moves, Power Moves. Orko went to New York to battle everybody. Rock Steady and The New York City Breakers were known all over the world – but when they saw Westcoast Breakers they freaked out! Orko did things like Continuous Headspin and he finally was asked to join Rock Steady. He is a legend dancer, he did Jam on the Groove. (2000)

Auch hier fokussierten sich die ersten Tänzer auf die spektakulärsten Moves. Ein wichtiges Medium, auch um kulturelle Hintergründe in größerem Stil zu verbreiten, waren die frühen HipHop-Filme: »Style Wars« und »Wildstyle« (beide 1983), die in erster Linie *Graffiti* zeigten, und schließlich »Beat Street« von 1984, der explizit den Tanz herausstellte. In L. A. entstanden die Dokumentation »Breaking and Entering«, deutscher Titel: »Breakdance Gang«, (1983) und die Tanzfilme »Breakin' 1« und »Breakin' 2« (beide 1984). »Breakdance Gang« zeigt die Westcoast-Szene und darin bekannte Popping- und Lockingtänzer als Breaker, wie zum Beispiel *Boogaloo Shrimp*.[84] *Ice T* wird als Dreh- und Angelpunkt der HipHop-Kultur in L. A. und ebenfalls als Breaker gefeatured. Als ›erster Breaker in L. A.‹ wird *Suga Pop* vorgestellt, der dort auch auf soziale und

---

84 *Boogaloo Shrimp*, einer der bekanntesten Popping- und Boogaloo-Tänzer von der Westcoast spielte in beiden Filmen »Breakin' 1« und »Breakin' 2«.

kulturelle Gemeinsamkeiten der East- und Westcoast-Tänze hinweist. *Shabba Doo* erzählt, wie *The Lockers* den Tanz ausgestaltet haben und gibt *Boogaloo Sam* Credits als ›Erfinder‹ von *Popping*. Verschiedene Popping- und Locking-Crews repräsentieren die Funk-Stile.

Filme über die New Yorker HipHop-Kultur informierten nicht nur innerhalb der USA über die Tanzformen, sondern fanden internationale Verbreitung, vor allem »Beat Street«, der von Harry Belafonte produziert wurde. Durch »Flashdance« erreichte »Breakdance« ein Millionenpublikum. Eine kurze, von Mitgliedern der *Rock Steady Crew* getanzte Straßenszene genügte, um eine weltweite Nachahmungswelle auszulösen (Fernando 1994: 17, Okumura 1998: Breaking, Cross 1993: 19). Viele Tänzer aus den USA bekamen Angebote für Tourneen, um dort beispielsweise Mode für Sportfirmen zu präsentieren. In Europa und in Japan brach ein regelrechtes »Breakdance«-Fieber aus. Die *Rock Steady Crew* wurde in erster Linie durch ihre Präsenz in den Medien zur bekanntesten Breaking-Formation. Sie spielten in sämtlichen New Yorker HipHop-Filmen und brachten eigene Platten heraus (die bekanntesten waren »(Hey you) The Rock Steady Crew« von 1983 und »Uprock« von 1984). Ihre Tanz-Videos zu beiden Singles spielten eine entscheidende Rolle bei der internationalen Verbreitung von *Breaking*. Dank »youtube« ist heute bekannt, dass *Popping* in Europa erstmalig von *Jeffrey Daniels*, dem Sänger der Gruppe *Shalamar*, in der englischen Show »Top of the Pops« im TV zu sehen war. Er sang nicht, sondern tanzte zu seinem Hit »A night to remember« und löste dadurch eine Welle aus. Mit den Worten: »We are very very honored, because we've got Jeffrey from the group Shalamar who's come all the way from the States to show us something rather special«[85] wurde der Tanz angekündigt.

/// ORIGINALS UND LEGENDEN. Durch die sogenannten neuen Medien wurden gegen Ende der 1990er Jahre viele Originals einer breiteren Öffentlichkeit bekannt. Besonders entscheidend ist, dass diese (Mit-)Begründer aller drei Tanzformen spätestens seit diesem Zeitpunkt die Tänze in ihrer ursprünglichen, man darf heute sagen, ›klassischen‹ Form, weltweit verbreiten. Sie sind international anerkannte, sehr gefragte Workshopleiter und Judges bei Wett-

---

85  www.youtube.com/watch?v=1qokA5khruY (abgerufen am 8.4.2015).

bewerben. Tänzer wie *Storm*, die die Tänze als erste im Ausland aufgriffen und im engen Kontakt mit den Originalen etablierten, dort die Kultur auf- und ausbauten und Verbindungen zu weiteren Ländern oder sogar Kontinenten herstellten, werden ebenfalls als Legenden und Vorbilder verehrt. Auch sie sind Judges großer Events und leiten internationale Workshops. Workshops bei den Legenden und Originals beziehen sich zumeist auf Tanzgrundlagen und ihre Ausgestaltungsmöglichkeiten. Sie enthalten außerdem Informationen über die reine Tanzvermittlung hinaus, zum Beispiel Anleitungen zum eigenständigen Training. Bestandteil von Workshops bei Originals und auch bei Tänzern, die sich als Vertreter der Kultur verstehen, ist ein kurzer Ausflug in die Geschichte der Tanzform. Häufig wird auch die Geschichte der Moves weitergeben, die unterrichtet werden.

> *Storm:* Es ist wichtig, dass man nicht nur die Geschichte anhand der Timeline kennt, sondern viel wichtiger ist es, wie es zu der Bewegung gekommen ist. Was waren die Umstände und was hat sich der Typ dabei gedacht? Das ist wichtig, denn die Bewegung selbst kann jedes Mal wieder erfunden werden. Die sollte man sogar für sich selbst noch mal wieder erfinden, um sie mit heutigen Bewegungen in einen Kontext stellen zu können. [...]
> Bei Workshops werden natürlich die Sachen ausprobiert, die ich vorgebe, aber die Teilnehmer werden das an dem Tag sowieso nicht alles umsetzen können. Und insofern ist es fast wichtiger, was ich sage, dass ich denen die Grundlage dafür gebe, an den gelernten Sachen weiterzuarbeiten. In den meisten Fällen gebe ich auch keine Profiworkshops. Das funktioniert nicht. Denn in dem Moment, wo jemand Profi ist, da sollte er seinen Weg, oder zumindest die Richtung, schon gefunden haben.[86]
> (2011)

---

86 *Storms* letzte Ausführung zum Thema ›Profiworkshops‹ zeigt einmal mehr das typische, auf Eigenständigkeit ausgerichtete HipHop-Selbstverständnis. In den meisten anderen Tanzarten gibt es Profiworkshops, in denen ein besonders guter Tänzer anderen professionellen Tänzern noch mehr beizubringen versucht. Bei den vielen Autodidakten im HipHop kommt es nicht vorrangig darauf an, immer noch mehr Moves und Tricks von anderen zu lernen, sondern hier steht Grundlagenarbeit als Basis zum selbstständigen Weiterlernen und die Entwicklung des eigenen Stils im Vordergrund.

**///** VERBREITUNG IN DEUTSCHLAND. In Deutschland waren die Tänzer in der frühen Breaking-Phase reine Autodidakten, die sich dem perfekt ausgeführten »Breakdance« aus den USA irgendwie annäherten. *Freeze La Roc* und *James* begannen beeinflusst von Spielfilmen und Videos zu tanzen. Konkret lernten sie von den in Mannheim stationierten amerikanischen Streitkräften.

> *James:* 1982 haben wir angefangen zu breaken. Wir haben das im Fernsehen und bei Leuten auf der Straße gesehen und haben uns davon anstecken lassen.
> *I:* Was habt ihr da gesehen: Filme, Videos oder andere Tänzer hier in Mannheim und Ludwigshafen?
> *James:* Nein, da hat praktisch jeder auf der Straße getanzt. Wir haben Leute auf der Straße breaken, tanzen gesehen und haben daraufhin auch unsere ersten Moves ausprobiert.
> *Freeze La Roc:* Ich habe alles über Videos und Fernsehen kennengelernt.
> *I:* Und wie hast du dann konkret angefangen? Hast du irgendwelche Filme oder Sendungen aufgenommen und dann versucht, die Schritte nachzutanzen?
> *Freeze La Roc:* Nein, tatsächlich gelernt habe ich in Diskotheken von den Amerikanern. Die habe ich gesehen und habe angefangen, das auch zu versuchen.
> *I:* Also, ihr habt das schon von den Amerikanern übernommen?
> *Freeze La Roc:* Ja, entweder live oder aus dem Fernsehen.
> *I:* Habt ihr ihnen in den Diskos nachgetanzt oder habt ihr euch getroffen und dann so richtig Stück für Stück angefangen zu üben?
> *James:* Meistens in Diskos.
> *Freeze La Roc:* Es gab damals noch kein Training. Am Anfang war es nur so: Es war zwar Interesse da, man hat es aber einfach nur gemacht. Man fand es cool, aber ein offizielles Training gab es nicht. Jeder hat für sich geübt, ein bisschen vorm Spiegel rumgemacht. Das waren diese Pantomime-Figuren, Dinge durch die Gegend schieben und so. Die waren am einfachsten und schnell zu lernen. (1997)

Hier wird sehr deutlich, dass im anfänglich bekannten »Breakdance« einzelne Elemente der verschiedenen Tänze durchsickerten. *Storms* Erinnerungen zeigen außerdem, dass die große Aufmerksamkeit durch spektakuläre Highlights erzielt wurde.

> *Storm:* Ich habe 1983 angefangen, zu tanzen und noch nicht einmal gewusst, dass das überhaupt Tänze waren. Ich hatte verschiedene Tricks bei Skateboardfahrern gesehen, zum Beispiel, wenn die ihr Brett verloren hatten. Es gab den Backslide, den konnte ich damals auch schon. Aber auch die Rückendrehung, die ich daraufhin natürlich sofort trainiert habe. Den Wurm und so Sachen, die haben damals alle gemacht. In der Zeit gab es für uns keine Unterschiede zwischen den Tanzarten. (2011)

In Deutschland stand *Breaking* bis weit in die 1990er Jahre hinein deutlich im Mittelpunkt des tänzerischen Interesses. Für *Popping* und *Locking* fehlten Vorbilder, die die Grundtechniken verbreiteten.

> *Freeze La Roc:* Was das Breaken betrifft, sind wir hier in Deutschland nicht so unterentwickelt. Hier gibt es Leute, unter anderem auch Storm, die häufig in New York waren und dort gute Connections haben. Die haben die Moves auch korrekt weitergegeben. Aber die Popping- und Locking-Techniken waren bei uns völlig unterrepräsentiert. Es hat viel zu lange gedauert, bis jemand kam, von dem man sagen konnte: Das ist ein PopLocker[87] und der macht das Original. Thomas war für uns in Deutschland der erste. (1997)

*Popping* und *Locking* waren bereits aus den öffentlichen Medien und von Videos bekannt, und *Thomas* erinnert sich demnach nicht vorrangig daran, gänzlich unbekannte Tanzstile eingeführt zu haben. In erster Linie fielen ihm Defizite bei der korrekten Ausübung auf:

---

87 Der Begriff ›PopLocking‹ ist heute umstritten, weil er für viele nach heutigem Verständnis einen nicht existierenden Tanz, nämlich einen Mix aus *Popping* und *Locking* bezeichnen würde. In den 1980er Jahren und auch zur Zeit des Interviews war er relativ geläufig.

*Thomas:* About bringing it to Germany: People, they knew it already from videotapes. Because it was around since the early seventies. But nobody really knew how to start doing it. I was looking for a crew when I came to Germany, some people that I could work with. I wanted to do some Popping and Locking routines, but everybody seemed to be spinning. So I was the only one doing it. Then people asked me ›How do you do this?‹ and I taught a few people here and there. Lately it seems to be very popular. (1997)

Er bestätigt direkte kalifornische Einflüsse auf seinen Stil und erwähnt mit kulturellen Austausch-Programmen zwischen Kalifornien und den europäischen Metropolen Paris und London einen weiteren Weg, auf dem *Popping* und *Locking* Europa erreichten:

*Thomas:* We learned from the dancers, who came from California – and from London. The ones from London were also very good at that time, because before the dancing got really popular, some dancers came from California to Europe for cultural reasons. So before it was in the media and known as HipHop, Breaking and Electric Boogie, they had been coming to Paris and London already for years.
*I:* Were they invited to come to Europe?
*Thomas:* Yes, they got invited. It was some kind of cultural exchange, certain projects. So some of the kids in England picked this dance up long before it got popular – directly from the Originals who invented it. And they came to Denmark, told us their basic knowledge about the moves, the Originals and how it all started. (1997)

Als ich Thomas nach seinen eigenen Tanzanfängen fragte, wurde deutlich, dass persönliche Kontakte die wichtigste Informationsquelle waren, um überhaupt den Einstieg zu finden. Gelegenheiten dazu boten sich zum Teil im eigenen Land oder motivierten zu Reisen in die USA.

*Thomas:* I learned it from other people.

*I:* Where?

*Thomas:* In Denmark. I am from Denmark. But I travel a lot. Also to learn this dance and to meet people that can teach me about it, because I was very fascinated by it. I saw Moonwalking, Backsliding in Sweden the first time. That was exactly what I wanted to do. So I asked these people: Where did you learn this? Where did you go? And these people on the street showed me the basics. At the same time, there were some people from England doing some TV-Shows in Denmark every saturday. There they talked about everything concerning the dance like the basics and the names of the different moves. I also recorded these shows and practiced. (1997)

Die Motivation, die Tänze zu erlernen, bestand anfänglich immer in der Faszination an den rätselhaften Bewegungen. Als Konsequenz folgte das autodidaktische Training, für das freiwillig ein immenser Zeitaufwand erbracht wurde.

*Thomas:* I just saw these people moving and I went: ›Wow! Do they have wheels under their feet? Or what is that?‹ I have to learn this, this is what I wanna learn! And then they showed me the basics, the techniques and I went home and started to practice. I started just in my room. I was practicing for four hours, maybe even more in the beginning – actually the whole day. (1997)

*Akanni* berichtet über seine Trainingsweise: »You practice everywhere«. Auch *Freeze La Roc* stellte die dominierende Rolle, die Tanz in seinem Leben spielte, heraus: »Heute gehe ich mit dem Gedanken ins Bett und stehe mit ihm auf« (1997). *Freeze La Roc* und *James* argumentierten, wie *Thomas*, eindeutig mit dem Faktor ›Faszination‹ als Auslöser für ihren Wunsch, die Tanzformen so perfekt wie möglich zu beherrschen.

*James:* Diese schnellen Moves waren seit Elektro und Funk unheimlich populär. Man hat angestrebt, sich genauso zu bewegen wie ein Roboter mit seinen mechanischen Bewegungen. Man wollte das unbedingt nachmachen. (1997)

So wie sich die Tänzer selbst von den Bewegungen begeistern ließen, erging es natürlich auch ihren Zuschauern. Je perfekter die Moves ausgeführt wurden, desto rätselhafter waren sie zunächst einmal für das Publikum – was den Tänzern ein hohes Maß an Aufmerksamkeit und Anerkennung bescherte. Der Wille, etwas zu können, das man selbst über alle Maßen bewundert und dafür wiederum von anderen bewundert zu werden, ist ein starker Motor. Der Glaube über sich selbst hinauswachsen zu können, entsteht durch das positive Vorbild anderer:

*Akanni:* I see something that I feel I have to do. And I feel, I'm human. I feel inviting what he does. It's human. – So I just try, just keep doing it. You know? So it's not really impossible. (1997)

Die Vermittlung von *Breaking* in der New Yorker Originalversion zu einem vergleichsweise frühen Zeitpunkt in Deutschland geht zu einem großen Teil auf *Storm* zurück, die Einführung von *Locking* und *Popping* auf *Thomas Herodt*. Die Original Westcoast Form der Funkstyles, die zunehmend auf Effekte und Tricks verzichtet, hielt erst später in Deutschland Einzug. Hier spielte *George Groove*, der die *Electric Boogaloos* zunächst nur von Videos kannte, eine wesentliche Rolle. Angeregt von den neuen Möglichkeiten des Internets, forschte er zu Beginn der 2000er Jahre nach der Gruppe und entdeckte die Ankündigung einer Show mit anschließenden Workshops in einer kleinen französischen Stadt. Er reiste auf Verdacht dorthin und konnte tatsächlich erstmals bei den Originals von der Westküste trainieren. Monate später entdeckte er im Netz ein Angebot für Einzeltraining mit *Suga Pop* in der Schweiz. Er investierte insgesamt mehrere Hundert Euro (Fahrt-, Hotel-, Workshopkosten etc.), um eine einzelne Privatstunde wahrzunehmen. Im Kontakt face to face erfuhr er dann, dass sich sein bis dahin gelernter Tanz – *Popping* – in weiten Teilen von der Version der *Electric Boogaloos* unterschied.

*George Groove:* Ich dachte damals in meiner Naivität und weil ich ja auch schon einigermaßen was konnte, dass Suga Pop mich korrigiert, ein paar Tipps gibt und ich danach abgehe wie eine Rakete. Fakt war: er hat mich völlig auseinander genommen ... Als ich nach Hause fuhr, war nicht mehr viel von mir übrig. Alles ging anders, alles war falsch, und ich dachte mir auf dem Rückweg im Zug: ›Entweder du hörst jetzt auf oder du fängst nochmal ganz von vorne an ...‹. Ich habe dann begonnen, den Tanz für mich vollkommen neu aufzubauen. Noch zwei weitere Male habe ich bei ihm Einzeltraining genommen. Er hat mir irgendwann hinterher mal erzählt, dass er schon kurz davor stand, mir zu sagen, dass ich mein Geld wohl aus dem Fenster werfe. Aber ich war so fanatisch, dass ich gedacht habe: ›Egal, was er sagt oder von mir denkt – ich gehe einfach immer wieder hin‹. (2015)

Der Kontakt zwischen *George Groove* und *Suga Pop* besteht bis heute, und die Verbindung wurde weiter ausgebaut. 2005 fand der erste Workshop mit *Suga Pop* in Mannheim statt, Veranstaltungen mit *Popin Pete* folgten.[88] Jenseits von Tricks ermöglichen diese Tänze wie keine anderen, sich mit der Musik zu verbinden und in ihr aufzugehen. Für *George Groove* bestand der Kick am EB-Style in der Stimmigkeit der Bewegungen zu Funk – im Unterschied zum *Electric Boogie*, der eher zu elektronischer Musik getanzt wurde. Im Training hatte er *Suga Pop* direkt vor Augen und sah die Musik in dessen Movement:

*George Groove:* Als ich das gesehen habe, habe ich gewusst: Das ist es. Das ist absolut richtig. Da will ich hin. (2015)

**///** SZENEINTERNE KOMMUNIKATION. Wichtigstes Kommunikationsmedium für die Tänzer war bis in die 2000er Jahre hinein das Videoband, sowohl was die offizielle Verbreitung der Tanzformen durch Videoclips in Musikkanälen betraf, als auch im privaten Bereich. Da man in diesem Metier auf visuelle Verständigung und Austausch angewiesen ist, spielte dieser Bild- und Tonträger

---

88 Heute finden regelmäßig Workshops mit legendären Tänzern, auch mit den Originals der *Electric Boogaloos*, im »Urban Dancestudio Dine« (s. Kapitel »Urban Dance«) statt.

seit den HipHop-Anfängen eine zentrale Rolle. Live-Mitschnitte von HipHop-Jams, auf denen die Tänzer ihr Repertoire zeigten, oder auch private Trainingsvideos waren unter Tänzern sehr begehrt. Durch den Austausch dieser selbstproduzierten Videos wurde ein weit verzweigtes Kommunikationsnetz geschaffen:

> *Freeze La Roc:* Unter B-Boys ist der Videoaustausch ganz extrem. Jeder bemüht sich, die besten Videos zu bekommen, von da und da, und die besten Videos von dem und dem. Dauernd heißt es ›Wer kennt den noch nicht? Und den noch nicht?‹ (1997)

Tänzer erfuhren oftmals voneinander über Video. Je besser ein Tänzer war, desto bessere Videos erhielt er von anderen.

> *Thomas:* Today on the HipHop scene people already know each other from videotapes. Because everybody is sending videotapes to each other. It's more difficult for new people to come in. Actually somehow the HipHop scene is like a family. It's almost a good excuse to meet each other. A lot of people think different, you will always hear different opinions. But the real artists and the people that are really into dancing and professional always think the same way. They have to get on a certain level somehow, they have things that combine ... they have things in common to talk about. [...] And of course I see some people on the videotape who know what they are doing. And I give them my respect and I say ›Oh, I saw you on this video tape and I liked it‹. ›Thanks, I saw you, too‹, maybe he goes. (1997)

Es waren nicht alle Bänder allgemein zugänglich, und unbekannte Neulinge hatten es schwer, in die Gemeinschaft der Tänzer (und in die HipHop-Community allgemein) aufgenommen zu werden. *Thomas* gewährte einen Einblick in Strukturen, innerhalb derer die Videos gehandelt wurden:

*I:* Can everybody get these tapes or is it something within the scene? Like a secret and not available for everybody?
*Thomas:* Actually – the people that are not so good, I think they do not understand the dance in the same way as the people do that are really into it. Some people try to copy your style as an example. And maybe they copy your freezes. Or the moves that are really easy, the personality you put into the dance to express yourself. And that is no problem for somebody who just bites. [...] You can go out and see somebody who is trying to copy you. And it's very strange to see that, because he is a bad dancer, but he has your freezes and your characters and all that, you know? And you can see that he doesn't really understand what you understand about dancing. And that you don't have too much in common with this person. You know? You don't want to give people like that video tapes. So – the better you get, the better the video tapes you will get from other people who respect you. You will exchange video tapes on a different level. You know? And it's really like that – you don't give video tapes to everybody. (1997)

Für *Wilpower* aus L. A. führten die Tapes zu einer Einladung nach Japan. Japanische Tänzer hatten bereits in den 1980er Jahren Videos von der *Air Force Crew* gesehen und machten sie daraufhin Jahre später in den USA ausfindig.

*Wilpower:* In 1993 we met some Japanese Breakers. We were like ›WOW!‹ We never met Japanese dancers, we never even knew that Breaking got that big all over the world. And they came up to us and they were like ›Man, you guys are Air Force Crew?‹ And they were shaking our hands and gave us a lot of respect. They told us that they had known our group since the eighties. Some guys from New York or from L. A. took videos from here to Japan when they got there for the first time. And these videos had a lot of good dancers from here like Lil Cesar and Orko. And for the Japanese it was the first time they got to see Westcoast Breakers. They knew us by our name Air Force Crew, they learned moves from us and got motivated from us. But they had never actually met us. It was the first time that Japanese came here to L. A. and hooked up with Old School Breakers. So it was really nice that they knew about us. And they said: ›We wanna take you guys to Japan, we'll hook something up‹. And they went back home and after some time they called us and they said ›Ok you guys can come here‹. And they set up everything. We were really happy! I mean ... we got to Japan! (2000)

*III* KOMMUNIKATION MIT DER AUSSENWELT. Die szeneinterne Kommunikation verläuft relativ reibungslos, da es sich hier im Wesentlichen um einen Zusammenschluss Gleichgesinnter handelt. Im Unterschied dazu gestaltete sich die Verständigung mit der ›Real World‹ (*Thomas*) in den 1990er Jahren nicht immer einfach. Außenstehenden präsentierte sich die HipHop-Kultur oft als eine geschlossene Gemeinschaft, die wenig an einem Kontakt oder der Verständigung mit anderen interessiert schien. Wie die folgenden Beispiele zeigen, handelte es sich hierbei oft um Missverständnisse auf beiden Seiten, sowohl von Akteuren als auch von Zuschauern. 1997 waren *Thomas* und *Klown* diejenigen unter meinen Interviewpartnern, die den größten Wert auf Kontakt mit Außenstehenden (beispielsweise mit ihren Zuschauern) legten. Beiden war es ein großes Anliegen, dass Angst und Unsicherheit des Publikums vor den HipHoppern abgebaut wurden. *Thomas* entwickelte zu diesem Zweck gemeinsam mit *Akanni* eine Street Performance, die Zuschauer direkt ansprach und streckenweise mit einbezog:

*Thomas:* Sometimes we talk a lot. On the street we talk and explain to the people what's going on [before and during the performance]. Because the audience doesn't know and we don't want them to feel uneasy. So we explain everything, one thing at a time what we are going to do. We draw a line so people know where they are supposed to stand, because often they are too scared of us to stop by. We tell them to come closer and that there is nothing to be scared. It works. (1997)

Professionell arbeitende Künstler sind allein aus finanziellen Interessen auf einen guten Kontakt mit der ›Außenwelt‹ angewiesen.

*Klown:* And you do what works on the streets, you do what the crowd likes. You make the crowd move. Because if you don't, you don't get paid. (1997)

Viele Street Dancer verdienten, nicht zuletzt aufgrund mangelnder Jobaussichten, als Straßenkünstler ihren Lebensunterhalt. Wie *Thomas* schilderte auch *Klown* ängstliche Zuschauer-Reaktionen, die sich im Lauf der Performance verloren. Die eigentliche Kontaktaufnahme mit dem Publikum jedoch gestaltete sich schwierig. Beeinflusst durch einseitige Berichterstattung in den Medien oder befremdendes Aussehen der HipHopper, reagierte das Publikum anfangs vorsichtig. Die Frustration über dieses Verhalten führte bei den Tänzern zu aggressiven Reaktionen im Vorfeld ihrer Auftritte, was wiederum die negative Erwartungshaltung der Zuschauer bestätigte. Erst die Tanz-Performance, eine Kommunikation auf einer anderen Ebene, öffnete den Weg aus diesem Kreislauf: Im Anschluss an eine Aufführung wurden Gespräche möglich.[89]

*Klown:* Before they see my group – people are scared of us! I am now talking about tourists. I'm not saying ›white people‹, I'm saying ›tourists‹. These are black persons, chinese persons, Japanese, Europeans. Just tourists who come to New York and don't know nothing about America – come and they are scared! They are holding their wallets when they see my boys coming with the baseball caps and they say ›Oh, these are some of those hoodlum or Rap guys‹. And they don't know anything about it! The only thing they know is that it's affiliated with violence ›They might be violent and so we need to be aware!‹ Know what I'm saying? So they get aware! They, they clinch on, they hold on to their stuff, know what I mean? But then ... when they see the show ...! When they see us dance ...! Then they say ›Well, these guys are pretty safe! Now let's find out more about this culture!‹ Deep inside they are inter-

---

89 Dies verweist gleichzeitig auf die HipHop-typische Verhaltensweise, in aller Öffentlichkeit demonstrativ auf die Außenwelt zuzugehen. Im Kapitel »Graffiti« wurde besonders auf die Glaubwürdigkeit der Straße hingewiesen. Auch *Klown* wartet nicht, bis ein bestimmtes Klientel seinen Weg in eine offizielle Tanzveranstaltung findet. Durch Straßenperformances erreicht er ein breites Publikum, welches er selbst aufsucht.

ested in the culture, but they are too scared to find out about it. They are scared to approach the people. So at first they are scared and when they feel safe to be around somebody that grew up in there they ask questions about it. ›Where did you learn that?‹ ›How is it in the neighborhood?‹ ›What is this?‹ ›What is that?‹ (1997)

*Klown* versucht, Vorurteile durch Kommunikation mit seinen Zuschauern aufzulösen und sich und seine Kultur zu erklären. Es wird außerdem deutlich, dass es bei der Selbstdarstellung nicht immer nur darum geht, mit seinem Können anzugeben, wie häufig unterstellt wird.

*I:* Is it part of your intention to get in contact with tourists, or to be accepted by them?
*Klown:* Yeah. That's what I like. That's my best, that's what all of us want deep inside, that's what happens on the street! That's what the city of New York has taken away from us: Acceptance. Most of the guys who dance in my group are young. They are black, they are Spanish, they wear the baseball cap back and they've got this look. Some of them do act besides themselves. I ain't gonna lie about that, I'm cursing all the time about that ›You – you gotta learn to react in the public!‹ Know what I mean? Because they like a lot of attention. But when they are dancing it's the only time they really get to prove themselves and say ›Yo! We are not really like this! We are not like you think we are!‹ (1997)

# Battles

*Du bekommst nur einen großen eigenen Namen,*
*wenn du neue Wege gehst.*

STORM

Selbstbehauptung, Kräftemessen und Rivalitäten werden innerhalb der HipHop-Kultur möglichst konstruktiv genutzt. Wettbewerbe, genannt Battles, sind in jedem HipHop-Genre ein äußerst wirksames Mittel, sich Respekt und einen hohen Status innerhalb der Gemeinschaft zu verschaffen. Sie stellen von daher einen Hauptbestandteil von *Breaking* dar, mittlerweile auch von *Popping* und *Locking*. Ihre Bedeutung ist so zentral, dass Ergebnisse großer Battles in die HipHop-History eingehen.

Tanz eignet sich aufgrund seiner Körperbetonung von allen HipHop-Komponenten am besten zum physischen Kräftevergleich. Die Organisationsform der Tänzer in Crews bietet, wie schon Gangs, die Sicherheit einer loyalen Gruppe, und die Anlage als Solotänze erlaubt einen tänzerischen Kampf ›Mann gegen Mann‹. Tanz-Battles werden seit den HipHop-Anfangstagen in einem formalen Rahmen ausgetragen: Zuschauer oder Crew-Mitglieder bilden einen Kreis um die Kontrahenten. Ein einzelner Tänzer führt jeweils ein kurzes Solo vor und provoziert dabei seinen Gegner, der ihn daraufhin mit einem tänzerischen Konter zu überbieten versucht. In offiziellen Battles, also bei größeren organisierten Wettkämpfen, ist immer ein Schiedsrichter anwesend, und es wird vorher festgelegt, wieviele Runden gegeneinander getanzt wird. Nach jedem Durchgang gibt eine Jury ihre Bewertung ab. Wenn Crews gegeneinander battlen, ist es zumeist so, dass nach dem ›Reißverschlussprinzip‹ jeder Tänzer versucht, seinen Vorgänger aus der gegnerischen Gruppe auszutanzen. Battles sind öffentliche Konkurrenzkämpfe: Sie finden vor Zuschauern statt und spornen zu Höchstleistungen an. Hier ist absolute Improvisationskunst der Tänzer gefragt. In der Regel müssen sie auf Musik tanzen, die ein Live-DJ vorgibt und dabei auf die Performance des Gegners reagieren. Sie sollten also umfangreiche Musikkenntnisse haben und über ein großes Repertoire an Moves und Styles verfügen, das sie jederzeit abrufen können. Aufgrund der spannungsgeladenen Atmosphäre und des hohen Qualitätsgrades sind Battles beim Publikum äußerst beliebt. Wie und durch wen interne Tanz-Battles entschieden werden, blieb für Außenstehende lange Zeit vage. Sind Konkurrenten zum Beispiel in einem Club unter sich, wechseln sie sich ab, bis der Kampf in gegenseitigem Einverständnis oder durch die außen herum gruppierten Zuschauer entschieden ist. Selbstverständlich läuft es nicht immer so glatt und es kommt durchaus vor, dass sich die Gegner nicht einigen und dass es durch den Tanz-Battle selbst zum Streit und auch zu Handgreiflichkeiten kommt.[90]

Als ein Wegbereiter, zerstörerische Bandenkämpfe durch tänzerische Auseinandersetzungen auszutragen, gilt *Afrika Bambaataa*, der auch an dieser Stelle Impulse für ein positives, konstruktives HipHop-Weltbild gab. Er hatte seine *Zulu Nation* anfänglich aus Breakern zusammengestellt, die auf tänzerischer Ebene mit anderen rivalisierten. Durch Battles wurden tatsächlich Streitigkeiten auf Gebieten entschieden, die über den tänzerischen Rahmen hinausreichten.

---

90  Durch Tanzen können Aggressionen erst richtig angeheizt, statt abgebaut werden (Fernando 1994: 1994). In der Psychologie wird diese Theorie beispielsweise von Berkowitz vertreten »Aggression dagegen erzeugt eher neue Aggression statt einer kathartischen Befriedigung« (Dorsch 1992: 13).

Often the best Breakers in opposing gangs would battle dancewise instead of fighting. They would battle over turf. Or because someone stepped on someone else's shoes. They might battle to prove that their gang was better than the other gang. Sometimes they would make a contract that the loser would not go around to the winner's neighbourhood anymore. Sometimes they battled just to gain each other's respect. (Okumura 1998: History)

Es ist jedoch zu bezweifeln, dass sich verfeindete Crews freiwillig untereinander über Sieg und Niederlage einigen. Voraussetzung für ein so faires Verhalten ist, dass sich beide Parteien als Tänzer, Breaker oder HipHopper begreifen und denselben Ehrenkodex teilen. Wenn dies der Fall ist, bestehen gute Chancen, dass auch wirklich der Bessere gewinnt oder dass von beiden Seiten ein Unentschieden akzeptiert wird. Weil mit dem Publikum stets Zeugen anwesend sind, würde jemand, der den tänzerisch überlegenen Gegner nicht anerkennt, seine eigene Kompetenz und Urteilsfähigkeit in Frage stellen. Darüberhinaus wird im HipHop sehr honoriert, wenn ein tänzerisch unterlegener Gegner Souveränität beweist und dem Gewinner die verdiente Anerkennung, also ›Respekt‹ gibt. *Akanni* sagte über die Zielsetzung der Battles: »I guess for respect, you know. To see how good you are« (1997). Alles, auch ein Eingeständnis einer Niederlage – die beim nächsten Treffen schon wieder ausgeglichen werden kann – dient letztlich der Entwicklung des eigenen Stils und der Persönlichkeit.

*Freeze La Roc:* Am Anfang ist es immer dieses Competition-Ding. Wir haben auch gestern wieder Leute kennengelernt. Und das erste, was ich gemacht habe, als einer in den Kreis gegangen ist: Ich habe ihn gebattled.
*James:* Das ist immer so.
*I:* Bist du dann dazu oder danach rein?
*Freeze La Roc:* Danach. Das heißt, er geht zuerst rein und ich geh nach ihm und –
*James:* Du fängst einfach an, ihn zu dissen.

*Freeze La Roc:* Der Gegner merkt sofort an der Art und Weise, wie du das machst ›Ah ja, jetzt hört der Spaß auf‹. Also, wenn ich gegen ihn tanze, ist das nicht mehr witzig.
*James:* Dann geht es richtig um was ...
*Freeze La Roc:* Ich versuche, ihn bloßzustellen und ihm vor allen Leuten zu zeigen: ›Ich bin besser als du‹. Du kannst jemandem ins Gesicht sagen: ›Arschloch!‹ Aber wenn du jemanden vor allen Leuten bloßstellst, tut das mehr weh.
*James:* Zum Beispiel, wenn du auf jemanden zugehst und sagt ›Du bist ein Arschloch‹, gibt es Streit. Aber wenn du tänzerisch provozierst, muss er beweisen, dass er besser ist.
*I:* Warum ist das so wichtig?
*James:* Das war schon immer so. Die Gangs haben untereinander immer Streit gehabt. Die einen wollten besser sein als die anderen, ist ja logisch. Und dann haben sie angefangen, gegeneinander zu tanzen. Einer wollte immer der Beste sein. Und so ist es auch bei uns.
*Freeze La Roc:* Das ist immer diese Mischung: Da ist auf der einen Seite die tänzerische Leidenschaft, dann ist es mit Sicherheit auch dieses Sozial-Ding und es ist, wie schon gesagt, auch sehr viel Selbstdarstellung dabei. Und das ist auch sehr wichtig, weil ohne Selbstdarstellung, denke ich, findet man nicht zu seinem eigenen Style. Und das ist das Entscheidende. Dieses Selbstdarstellungs-Ding treibt uns auch immer an, noch besser zu werden. Aber es ist auch die Liebe zur Kultur, denn wir leben ja nicht nur davon und tun das alles nur für uns, sondern wir geben das, was wir erhalten haben, ja auch wieder zurück und anderen weiter.
*I:* Dieses Ding mit der Selbstdarstellung und so, dient das auch dazu, seinen eigenen Stand herauszufinden? Ich meine, in dem Moment, in dem du besser bist, als der und der, da kommt wieder einer, der ist besser als du. Und so erfährst du deinen eigenen Standpunkt?
*James:* Ja, ganz genau. Damit misst du dich eigentlich.
*Freeze La Roc:* Und das macht ja diese ›Ghettomentalität‹ auch irgendwie aus. (1997)

Rivalisierende Crews vereinbaren für Battles Termine und Orte, sie können aber auch spontan stattfinden. In jedem Fall stellen sie ein besonderes Ereignis dar. Unter dem Aspekt der Selbstdarstellung geht es beim Battle darum, seine Stärken möglichst gut zu kennen und gezielt einzusetzen. Als Experte für *Popping* und *Locking* in Deutschland hatte *Thomas* in den 1990er Jahren vielen Tänzern in puncto Basics einiges voraus. Er beschreibt, wie er diesen Vorteil bei Battles in Clubs oder auf Parties für sich einsetzte und wie er mit seinen Gegnern und auch den Zuschauern kommunizierte.

> *Thomas:* When somebody comes out directly in front of me and wants to battle two at a time, I say ›Hey, wait a minute. One at a time. You can just take your time. Do your thing‹. That is what I show him and the whole crowd can see my bodylanguage. They can see that I'm backing off and I express ›Show them, what you can do‹.
> And then I go in. If he comes up to me again, I say ›Ok. Show them again‹. You know? And then he will give me time all of a sudden, because now people want to see me. So I go in and I win authority. He has to agree ›Ok, ok, one at a time‹. So we are going in. I say ›Ok, hold it right there‹. I go in and I do some Popping. He goes out, he becomes all hectic as an example. Doing waves, Popping, everything at the same time. I think it looks like shit. And I can see ›Ok, this guy is really not good and he wants to battle‹.
> So I'm going to show these people that this guy can't really dance. You know? I go ›Ok, look, stop. One wave at a time! Let's just wave and‹ – because he does it like this [demonstates a hectic, incorrect arm wave]. ›Let's just do a clean wave and we'll see, who can do a nice, clean wave‹. I do it like this [shows an exact, slow and detailed arm wave] and then I express ›Go in and do it‹, you know? And then he has to go again and try to do it or something else. – Or I go ›Let's do the Backslide!‹ You know? And then you can see, who is sliding more like an illusion. And you can see: Ok, this guy really looks like he is sliding on air. You know? Or, who can make the cracking look like the coolest, hardest and at the same time cleanest …

*I:* So, when you battle, you take it back to the basics?
*Thomas:* Yeah! So that the people can understand, you know? Because the people will ask ›How are you supposed to know, who won?‹ Just like you asked me. I take it back to the basics. ›Ok, let's show them, who is doing the cleanest basics‹. To put some order to the whole thing, because I think it's important. (1997)

**/// BATTLES ALS ERSATZ FÜR BANDENKÄMPFE?** Für *Thomas* ist der wichtigste Punkt, dass auch bei Battles der künstlerische Rahmen erhalten bleibt und immer in erster Linie getanzt wird. Eine tänzerische Auseinandersetzung bietet – im Gegensatz zu einer gewalttätigen – die Möglichkeit zur Selbstdarstellung mit Style, Finesse und Persönlichkeit (Fernando 1994: 17, Cross 1993: 17). Die Vorstellung von Battles als einer kanalisierten Version echter Bandenkämpfe hält er für das Produkt einer verzerrten Darstellung in den Medien.

*I:* Do you believe that dancing was a substitute for gang fighting or gang war?
*Thomas:* Yeah, that's what the media said. Of course people are fighting. You are fighting to stay out of trouble, to stay away from drugs. – At the same time there is this dance called Uprocking where you fight against each other. You show how you fight to the music. But you are cool, on beat and you separate your ways so that you don't touch, you know? You can watch this kind of thing over here and that kind of thing over there, but you are not involved. You still have to be able to show your dance skills. (1997)

Es ist sicher so, dass HipHop und Tanz New Yorker Jugendlichen Perspektiven und Aufstiegschancen boten. Der Mythos von dem Zaubermittel, das die Bandenkriege verschwinden ließ, stimmt jedoch nicht. Nach einem anfänglichen Abflauen der gewalttätigen Auseinandersetzungen arteten auch die Tanz-Battles wieder in Handgreiflichkeiten und später auch in bewaffnete Kämpfe aus. Auch meine anderen Interviewpartner relativierten das idealisierte Bild aus der HipHop-Anfangsphase.

*I:* War es tatsächlich so, dass durch die Tanzwettbewerbe auch Bandenkriege ausgetragen wurden? War das ein echter Ersatz?
*Freeze La Roc:* Es hat vorübergehend gewirkt, aber nicht auf die ganze [HipHop-]Nation. Es gab natürlich immer noch genug, die ihre Rivalitäten nach wie vor mit Waffen ausgetragen haben. (1997)

*Akanni* bestätigt ebenfalls eine zeitweilige Beruhigung der Gewalt-Eskalationen in der New Yorker Bronx. Er schreibt diesen Umstand jedoch eher einer angemessenen Beschäftigung der Jugendlichen zu als einem therapeutischen Aggressionsabbau durch das Medium Tanz:

*I:* Was it a time of extreme violence in the Bronx?
*Akanni:* Yeah – yeah, it was pretty bad, you know. First with the gangs. Early in the seventies, late sixties it cooled, it relaxed. Then the guns started taking place. Shooting ... But it's cool, artistically.
*I:* Was dancing a substitute for the gang fighting?
*Akanni:* Yeah. We all just needed something to do and we didn't have too much, you know? We just needed stuff to do. And dancing is good, you know ... In an area where everybody is so competitive everything turns out into a big fight. Whether it's dancing or other stuff. (1997)

*Crazy Legs* sah die Kunstform nie als einen Ersatz für die Bandenkämpfe. Diejenigen, die ohnehin in kriminelle Aktivitäten verstrickt waren, blieben in der Regel auch dabei (Strange 1996: 64). *Klown* trifft eine ähnliche Aussage, indem er den Unterschied zwischen seinem Bruder und *Mongo Rock* herausstellt. Sein Bruder war vorrangig am Wettstreit interessiert, während sich *Mongo Rock* in erster Linie als Breaker begriff:

*I:* And was this kind of Breaking really a substitute for gang violence, for the fightings?
*Klown:* It was supposed to be some kind of an answer. But it wasn't really, because, like I said, my brother used to do it as a hobby. So as he got a little older, he was like a wild one out of the crew. Mongo Rock

was into Breaking. He was not an angel either, but he was not the one who was really wild. My brother was the one who was wild! He was the one who was with them when they wanted to have a battle – but the dancers would basically battle to get respect from each other. That was a better way of communicating with each other and let them know where they stand. But it was not the answer to violence. There still was violence. People say, it was like that, you know. One gang, and the other gang says ›Ok, let's go and dance it off!‹ – It wasn't that easy. (1997)

*Breaking*, *Popping* und *Locking* wird von den meisten Tänzern als eine Möglichkeit begriffen, sich auszudrücken und, vor allen Dingen, sich selbst darzustellen. Das aggressive Potential tritt in Battles sehr deutlich zutage, vor allem weil sich die Gegner – wie Rapper, die sich gegenseitig dissen, oder Writer, die gegenseitig ihre *Pieces* übersprühen – mit Mimik und Gestik bis auf's Äußerste provozieren. So kommt es in aufgeheizter Stimmung durchaus zu Körperkontakt, den auf großen Battles sofort ein Schiedsrichter unterbindet. Sind solche Autoritäten nicht anwesend, kann der bessere Tänzer auch schon mal den Kürzeren ziehen. In »Breakdance Gang« schildern zwei Jungs, wie sich manche Gegner über diese Regeln hinwegsetzen und deutlich Grenzen überschreiten. Wenn Tanz das Mittel ist, sich in seinem Leben zu behaupten, repräsentiert der eigene Stil die gesamte Persönlichkeit, und der Erfolg als Tänzer entscheidet über seine Autorität, Privilegien und Sicherheiten. Als so jemand kann man es sich nicht leisten, einen Battle zu verlieren, oder sich, nach dem Motto ›Dabei sein ist alles, beim nächsten Mal läuft es wieder besser‹ sportlich großzügig zeigen. Battles waren für die frühen HipHop-Tänzer von existentieller Bedeutung.

*Thomas:* Losing a battle would be really embarrassing for me. That would be worse than getting a hit in my face. I would prefer to get smashed down to losing a battle! Because dancing is my life! (1997)

/// OVER THE TOP – DIE AUSWEITUNG DER BATTLE-KULTUR. Im HipHop geht es immer um das Prinzip einer positiven, das heißt künstlerischen Verwertung gegebener Umstände, in diesem Fall von Konkurrenz. Rivalitätsdruck

– Toop spricht von einem »gnadenlosen Wettbewerb« (Toop 1992: 167) – kann auch zu neuen Tanz-Kreationen inspirieren. Ein klassisches Beispiel hierfür ist der legendäre Battle zwischen der *Rock Steady Crew* und den *New York City Breakers*. Beide Gruppen wurden für den HipHop-Spielfilm »Beat Street« engagiert, wo sie eine kurze Battle-Sequenz austragen. Es handelt sich dabei um einen realen Tanz-Kampf, der heute als ein Klassiker unter den HipHop-Dokumentationen gilt. Dies nicht allein seiner Authentizität wegen, sondern auch aufgrund des überraschenden Höhepunkts des Battles: *Crazy Legs* von der *RSC* zeigte als größtmögliche Steigerungsstufe und Idealfall eines Battle-Ausgangs eine neue Figur, die das Niveau der bis dahin bekannten Moves übertraf: Er schaffte es während eines *Backspins* unbemerkt seine Schuhe auszuziehen und über die Hände zu streifen. Mit diesem Ergebnis überraschte er die Zuschauer beim abschließenden *Freeze* in einer Brücke und entschied so den Kampf für seine Crew.

> Set in a story about a crew of young B-Boys, a DJ and a Graffiti artist, the famous battle happens midway through the movie between then real-life rivals Rock Steady Crew and the New York City Breakers. Ending in an eternally classic move – Crazy Legs goes from a back spin into a bridge Freeze with his shoes on his hands – that battle scene alone inspired numerous B-Boys to chain themselves to the life-long addiction of B-Boying. ›I have to say‹, admits Crazy Legs, ›that was one of my favorite battles because that last move that I did, I'd only done it once before by myself, so it was a risk of fucking up‹. (Strange 1996: 64)

Die letzte Äußerung von *Crazy Legs* weist darauf hin, dass die Tänzer, ebenso wie Graffiti-Künstler, gefährliche Situationen suchen, die den Adrenalin-Spiegel ansteigen lassen. Unter diesem Blickwinkel kann man Battles auch als künstlich hergestellte Konkurrenzsituationen betrachten, um sich gegenseitig zu Höchstleistungen anzuspornen. Graffiti-Artists beschreiben ein Hochgefühl, wenn sie in einer gefährlichen Situation ihre Werke anbringen konnten. Während Writer jedoch heimlich und anonym arbeiten und höchstens innerhalb ihrer Szene dieses Gefühl teilen, überträgt sich diese Stimmung beim Tanz auf das gesamte Publikum. Heute sind viele der großen internationalen Tanz-Treffen als Battles organisiert, und dort kann man, speziell beim *Breaking*, eine Atmosphäre wie in einer Arena beim Boxkampf erleben.[91] Es wird nach dem bekannten Schema einzeln nacheinander getanzt und sich dabei auf den Gegner bezogen, aber die Gewinner werden eindeutig von einer Jury ermittelt. Diese besteht immer aus Insidern, das heißt aus Breakern oder bei Funkstyle-Battles aus Popping- oder Lockingtänzern und nicht beispielsweise aus Videoproduzenten oder Tänzern anderer Disziplinen. Bestandteil größerer Battles ist immer ein sogenannter Judges Showcase, in welchem die Jury ihr tänzerisches Können zeigt und damit beweist, dass sie würdig und qualifiziert ist, die nachfolgenden Battles zu entscheiden. Diese Riesenbattles sind nicht mehr zu vergleichen mit Jams, die es den Tänzern, wie in den HipHop-Anfangszeiten, ermöglichten, sich auszuprobieren und im direkten Austausch untereinander spontan gegen selbstgewählte Gegner zu battlen, ›Respekt‹ zu erhalten und ihren persönlichen Stil zu entwickeln. *Storm* ist als einer der bekanntesten Breaker innerhalb der HipHop-Gemeinschaft regelmäßig als Juror bei den größten internationalen Battles präsent.

*I:* Gibt es noch wie früher richtige Jams und Battles oder ist das mehr oder weniger komplett abgelöst worden durch Workshops und offizielle Wettbewerbe?
*Storm:* Das ist eine Sache, die fehlte uns jahrelang. Wenn wir irgendwohin zu einer Meisterschaft geflogen kamen und zwei Stunden gejudged hatten ... ›Und jetzt? [klatscht in die Hände] Party?‹ ›Nee, jetzt geht's ins Hotel‹. Und am nächsten Tag wieder zurück. Das ging nicht. Das war nichts. Mittlerweile gibt es das alles wieder, wahrscheinlich, weil sich auch viele Old Schooler dafür eingesetzt haben. Und das Schöne ist, dass jetzt auch gerade größere Veranstaltungen doch jedes Mal dahin

---

91 Als ein Beispiel aus der unendlichen Auswahl auf »youtube« kann der Battle zwischen *Lilou* (Algerien) und *Alcolil* (Russland) im Finale des »Red Bull BC One World 2014« in Paris gelten. Hier sieht man nicht nur Breaker, die den aktuellen State of the Art repräsentieren, sondern auch den riesenhaften Aufbau, Kommentatoren, die an MCs erinnern, und die Atmosphäre in der Halle. Moves werden kommentiert, und man sieht auch, dass die Judges unfaires Verhalten ahnden. Am Ende der 2. Runde bei 2:56 landet *Lilou* im *Spider* (vgl. Kapitel »Breaking«). www.youtube.com/watch?v=IzgPV9TpX64 (aufgerufen 25.7.2015)

zurückkommen, weil sie merken, dass es die ganze Veranstaltung vitaler macht. Dass sie eben nicht nur einen Battle veranstalten, sondern gleichzeitig noch eine Warm-up-Party und eine Afterparty hinterher. Damit auch die Leute noch ordentlich Spaß haben, die vielleicht schon in der ersten Runde rausgeflogen sind. Wenn schon so viele Leute zusammen kommen, dann sollte man auch Spaß zusammen haben! (2011)

Durch Mega-Wettbewerbe, die von großen Konzernen wie Red Bull auch mit attraktiven (Geld-)Preisen gesponsert werden, so dass sie zu einer echten Einnahmequelle für gute Tänzer (als Gewinner, Juroren, Workshopleiter) geworden sind, gingen die ursprünglicheren Veranstaltungen fast unter. Darüber hinaus entstand ein Trend zur Vereinheitlichung der Tänze auf Kosten von Kreativität und Individualität. Das äußere Format ist gewachsen und finanziell profitieren sämtliche Beteiligten. *Storm* weist jedoch darauf hin, dass der Tanz selbst dadurch in seiner Vielfalt beschnitten wird.

*Storm:* Man schafft durch das Internet, aber vor allem auch durch die großen Meisterschaften immer mehr konforme Regeln und damit ein Einheitsformat, in dem alle B-Boys versuchen zu tanzen. Weil sie versuchen, Meisterschaften zu gewinnen. Und so geht die gesamte Kunstform ein bisschen flöten. Es gibt immer weniger Tänzer, die tanzen, um sich zu verwirklichen und immer mehr, die versuchen, auf irgendwelchen Battles zu glänzen. Wobei sie nicht erkennen, dass es bei den Battles meistens nur darum geht, performativ gut auszusehen. Das bedeutet sehr dynamisch zu tanzen, weniger gefühlsbetont, und es wird weniger Wert auf kleine Nuancen gelegt. Dazu kommt, dass du nur die Möglichkeit hast, auf das zu tanzen, was dir der DJ auflegt. Und auch das ist konform. Er wählt eher die gleiche Geschwindigkeit der Beats aus. Wenn du jetzt aber mal Lust hast, auf 80 Beats per minute zu tanzen, dann ist das plötzlich nicht mehr möglich. Oder es wird dann schnell gesagt, ›Oh, das ist aber kein B-Boying‹. Dabei gehört das genauso dazu. (2011)

Ein Einheitsformat bietet selbstverständlich viele, relativ eindeutig und fair zu bewertende, Kriterien wie Stilvielfalt, korrekte Ausführung der Moves oder Reaktion auf Musik und Gegner. Es gibt dadurch jedoch auch Einschnitte, die nicht nur die Prioritätensetzung des einzelnen Tänzers bei einem Battle, sondern sogar Grundsätze der Kultur insgesamt veränderten: Als die Szene noch relativ überschaubar war, hatte Kreativität höchste Priorität und *Biting* war eine Praxis, die die HipHop-Regeln absolut verletzte. Moves oder sogar Kombinationen vom Urheber zu ›stehlen‹ und sie als eigene Erfindung auszugeben, führte zur Disqualifizierung. Heute ist die Tanzszene so riesig, dass *Biting* nicht mehr aufgedeckt werden kann und deshalb mehr oder weniger von der Liste der No-Goes verschwunden ist.

> *I:* Ist es auch deine Aufgabe als Judge bei Contests, dass du erkennst ›Das ist aus dem Film, das ist aus diesem Video‹ oder so?
> *Storm:* Kannst du ja gar nicht, dafür gibt es viel zu viel. Wenn Sachen so klar sind wie bei einem Film, dann fällt das natürlich schon auf. Aber ich sag's mal andersrum: Als Judge kannst du nicht mehr wirklich Punkte vergeben für Kreativität. Es ist auch ein großer Aspekt, dass Biting so gut wie gar nicht mehr besteht.
> *I:* Wegen Internet, weil sowieso jeder von jedem abgucken kann?
> *Storm:* Ja. Heute ist Biting plötzlich ok.
> *I:* Ok?
> *Storm:* Jaja, für viele. Und darunter leiden halt die richtigen Künstler, die versuchen sich alle Sachen selbst auszudenken, weil sie zehnmal mehr Zeit brauchen, um gut zu werden. (2011)

Mit Sicherheit geht es hier nicht nur um die Zeitfrage, sondern auch um Anerkennung und Respekt als Künstler. Ich denke, man kann durchaus fragen, was es für die Kultur bedeutet, wenn Individualität und Authentizität, Kreativität und ein respektvolles Miteinander – also grundlegende Werte und Inhalte aus der HipHop-Old School – bei Performances auf großen Wettbewerben ausgeblendet werden. Abgesehen davon rückt es die Disziplin näher an Sport und entfernt sie von Kunst, wenn Kreativität nicht mehr gefragt ist und es vorrangig um Ausführung spektakulärer Moves geht.

> *Mike:* Seit dem Jahr 2000 haben hier in Deutschland fast alle Jams aufgehört und es gab eigentlich nur noch Battles. Da haben wir auch fast immer verloren [lacht], weil wir immer auf dieser Old School-Schiene waren. Die ganzen Grundschritte und so, das war uns absolut wichtig – und vielen Leuten halt nicht. In Deutschland waren sie sehr schnell auf dieser Move-Schiene, also, wenn du nicht durch die Gegend fliegst, kannst du halt nichts. Ok, wir haben auch ein paar erste Plätze mit nach Hause genommen. Es kommt immer sehr darauf an, wer diese Events oder Battles judged. Wenn Leute drin sind, die viel Erfahrung haben und beide Seiten bewerten, hatten wir gute Karten. Aber wenn junge Leute in der Jury saßen, die vielleicht einmal beim »Battle of the Year« gewonnen haben und wirklich stark einseitige Akrobaten sind, dann hätten wir gar nicht erst hinfahren sollen. (2011)

*///* BACK TO BASICS. Mittlerweile sind Jams wieder mehr gefragt bei Tänzern, die einen größeren kreativen Freiraum schätzen und denen es verstärkt um das Miteinander in Party-Atmosphäre und um den Tanz selbst geht – und nicht vorrangig darum, aktuell gefragte Kriterien für einen Meisterschaftsgewinn zu erfüllen.

> *Tomek:* So langsam kommt es wieder, dass auch viele darauf achten, selber wieder kreativ zu sein und nicht so viel zu kopieren, auch wenn sie das Kopierte dann auf ihre eigene Art und Weise wieder darstellen. Aber es gibt einfach schon so viele Bewegungen und viele sagen dann halt ›Ok, die nehme ich. Dann komme ich gut an bei den anderen. Oder gewinne einen Battle‹. (2011)

Vertreter der HipHop-Generationen, die mittlerweile ein Alter erreicht haben, in dem sie sich nicht mehr permanent mit anderen messen müssen, kommen ebenfalls auf den Kern der Tänze zurück, nämlich Spaß an der Musik und an seinem eigenen Können zu feiern und dies mit anderen zu teilen.

> *Thomas:* The greatest gift is actually to listen to the music and just dance. I think when we battle today it's more like going out and doing a nice solo. Now I am an older guy. I don't go in and try to make someone look bad. Because that takes a lot of energy. I think it is more fun to go in when there are good vibes and show people how you can play with the technique. That's a lot of fun – and it keeps you in shape [laughs]. (2012)

Nach jahrzehntelanger Präsenz im HipHop haben Tänzerinnen wie *Rokafella* außerdem den Anspruch, irgendwann die Battle-Ebene zu verlassen und sich in anderen Bereichen zu behaupten: *Klown* sagte 1997 »Dance is really just a vibe«. Es kann durchaus das Bedürfnis entstehen, irgendwann etwas zu manifestieren oder der Kultur auch etwas zurückzugeben:

> *Rokafella:* After a certain point you have to decide ›I must do more. I can't just battle, battle, battle. I can't just compete. I have to try and teach, or create a dance piece, or write a book, make a movie, have my own shop. Something bigger. Something else‹. (2011)

In der HipHop-History sind Battles jedoch von großer Bedeutung. So geht es zum Beispiel auf der Webseite von *Mr. Wiggles*, nachdem die Entwicklung der Tänze abgeschlossen war, in der Timeline von *Breaking* hauptsächlich darum, wer wann welchen Battle gegen wen gewonnen hat. Angesichts der Preisgelder und der Aussicht auf große Anerkennung, wenn nicht gar einen Namen in der HipHop-Geschichte, ist der Hauptanreiz für die meisten Tänzer einer der vorderen Plätze bei einem großen Battle. Da kommt es darauf an, sich die erfolgversprechenden Moves anzueignen, und der Zweck heiligt dann sozusagen die Mittel. Es ist akzeptiert, sich das zu nehmen, was einen diesem Ziel näher bringt und weil Urhebertum ohnehin kaum noch nachweisbar ist, wird nicht mehr geahndet, wenn man sich bei anderen offen bedient und bitet. Ein Gegengewicht zu diesem Extrem bieten die wiederaufkommenden Jams, bei denen Kreativität und Partystimmung im Vordergrund stehen.

*Tomek:* Wenn man HipHop mal verstanden hat, B-Boying, die Kultur, dann gibt man sich nicht als so ein Macker und will immer nur der beste sein. Es geht darum, menschlich zu sein und auf dem Boden zu bleiben. Und wenn du sehr kreativ bist und das auch in Kreisen und bei Battles zeigst, dann hörst du auf einmal ›Oh shit! Das ist ein neues Ding! Das habe ich noch nie gesehen!‹ Und dann kannst du sagen ›Ja. Weil es meins ist‹. (2011)

# Urban Dance

*Yeah. What we have is the roots of it. The culture.
That we can hold on to that. It can never get taken away.*

KLOWN

Heute gibt es eine Vielzahl von Styles, die – je nachdem, was die Musik am besten ausdrücken kann – bestimmte Moves aus *Breaking*, *Popping* oder *Locking* entnehmen und zum Hauptgegenstand des jeweiligen Tanzes machen. Diese und auch die klassischen Formen selbst werden mittlerweile unter *Urbaner Tanz*, *Urban Dance* oder auch *Zeitgenössischer Urbaner Tanz* zusammengefasst.

/// HIP HOP-TANZ IN DEN 1990ER JAHREN. In den 1990er Jahren, als sich die Kultur international etablierte und auch die erste Version dieses Buchs entstand, war die Entwicklung der klassischen Tanzformen weitestgehend abgeschlossen. Da es noch keine große Verbreitung per Internet gab und die Originals noch nicht in nahezu jedem Winkel der Welt unterrichteten, ist es logisch, dass nicht alle Details korrekt übermittelt werden konnten. So ziemlich jeder HipHopper der frühen 1990er Jahre war Autodidakt. Man nahm, was man im Fernsehen oder bei anderen sah, und versuchte, es möglichst genau zu kopieren. Auf diese Art passierten natürlich aus heutiger Sicht Fehler – aber genau dadurch entstanden auch verschiedene Styles.

Ein Stil, der in seiner Old School-Form eine Mischung aus *Breaking*, *Popping* und *Locking* darstellt, ist heute unter der schlichten Bezeichnung *Hip Hop* ein weltweit bekannter und etablierter Tanzstil. Er entstand im ›Goldenen Zeitalter des HipHop‹ zur Musik von *LL Cool J*, *Public Enemy*, *Snoop Dogg*, *Cypress Hill*, *Queen Latifah*, *Missy Elliot*, *2Pac* und vielen anderen (vgl. Kapitel »Rap/DJing«). Aber auch noch zu langsameren Stücken wie zum Beispiel von *Common* oder *Wu-Tang Clan* wurden die Figuren exakt auf die Beats gesetzt. Selbstverständlich reagierte man auch auf die Lyrics dieser grandiosen MCs – allerdings nicht Wort für Wort, sondern Textinhalte flossen eher subtil in die Moves ein oder sie wurden in überzeichneter Form als Akzente betont. Auch die damals typischen Effekte in der Musik, wie Telefonklingeln, Reifenquietschen etc., inspirierten zu Sondereinlagen im Tanz. Für Performances oder Wettbewerbe wurden ausgewählte Parts einzelner Lieder zu einem eigenen Mix zusammengeschnitten. Für die 1990er Jahre war bezeichnend, dass jeder, der diesen Tanz performte oder unterrichtete, seinen ganz persönlichen Stil ausgebildet hatte. Die Grundschritte und -moves wurden aus dem Repertoire der klassischen Formen bezogen und jeder Tänzer kreierte – auch entsprechend seiner Musikauswahl – seine eigene Version.

*Hip Hop* enthält in erster Linie Breaking-Figuren, die vor der Akrobatikphase getanzt wurden, wie den *Running Man* oder den *Indian Step*, aber auch Moves, die an *Floor Rocks* erinnern, außerdem Isolationsbewegungen, Slides, Sprünge und Kick-Kombinationen. In der frühen Phase gab es auch Figuren aus dem *Rocking*, wie zum Beispiel die ›Kaffeemühle‹ und die typische Pose der demonstrativ über der Brust verschränkten Arme. Ebenso war es üblich, Akrobatikelemente als Highlights einzubauen. Weil *Power Moves* in der Regel zu schwer waren, wurde eher auf turnerische Elemente zurückgegriffen. Ich bin zum Beispiel in der ersten Choreo meines Tanzduos *The Sisters* zu »Jump

Around« von *House of Pain* mit einem Handstandüberschlag über meine Tanzpartnerin gesprungen.

Die musikalischen Wurzeln von HipHop liegen im Funk, genauer gesagt, in den isolierten Rhythmuspassagen von Funkstücken (vgl. Kapitel »DJing« und »Rap/MCing«), und so konnten nicht nur Breaking-Elemente und das Movement aus dem *Rock Dance*, sondern auch Moves – besonders die trickyness von Popping-Figuren – und die Dynamik der Westcoast-Tänze übernommen werden. Es geht auch im *Hip Hop* darum, einen durchgängigen Beat zu visualisieren, der immer wieder unterbrochen wird. Der Grundbeat geht im *Hip Hop* der 1990er Jahre von der Körpermitte aus, der Oberkörper bewegt sich ständig vor und zurück oder, leicht vorwärts geneigt, tief und hoch. Dadurch wird der Groove nicht nur für den Zuschauer sichtbar, sondern der Tänzer fühlt ihn auch ganz zentral. Dieses Movement wird immer wieder von Pausen in der Musik gestoppt oder sie werden vom Tänzer eigenständig eingebaut. Wenn daraufhin der gesamte Körper den Beat wieder aufgreift, entsteht eine Dynamik, die den Tänzer gefühlsmäßig und die Zuschauer visuell mitreißt. Der Ursprung der Westcoast-Tänze liegt in den *Social Dances*, und bei diesen geht es um Kontaktaufnahme, Action und Response und auch darum, miteinander eine gute Zeit zu verbringen. Dies kennzeichnet ebenfalls den Hip Hop-Tanz, der – zumindest in seiner Urform – auch Points und Mimik von *Locking* übernommen hatte. Es ist für Hip Hop-Tänzer sehr leicht, mit dem Publikum zu kommunizieren. Dies zeigt sich besonders bei Shows, in denen es nicht um Konkurrenz geht, sondern darum, dass zum Beispiel eine Gruppe von Tänzern auf der Bühne richtig loslegt und das Publikum vor Begeisterung aus den Sitzen springt. Allerdings genügt ein Blick auf die Entstehungsgeschichte der HipHop-Kultur und die Musik der späten 1980er und frühen 1990er Jahre, um auch eine aggressive Komponente auszumachen und zu verstehen. Wie die klassischen Old School-Disziplinen bestand auch *Hip Hop* anfänglich aus signifikanten, voneinander abgegrenzten Versatzstücken. Vergleichbar dazu waren im frühen *Graffiti Writing* einzelne Buchstaben speziell, aber noch lesbar ausgestaltet, und auch der *Old School Rap* grenzte einzelne Wörter oder Silben durch ein deutliches Stakkato voneinander ab. Diesem Prinzip folgte auch der *Hip Hop* der End-80er und 1990er Jahre mit seinen klar erkennbaren einzelnen Moves.

*Hip Hop* entwickelte sich als Freestyle-Dance in Clubs und fand als choreografische Variante sehr schnell Einzug in Tanzstudios. Ich nehme an, dass die politische Haltung von HipHoppern in den 1990er Jahren diese Entwicklung beförderte: HipHop und *New Jack Swing* waren so erfolgreich, dass auf MTV eine Ära von Musikclips losgetreten wurde, in denen zahlreiche HipHopper mitwirkten – und es war absehbar, dass dies auch Tänzer außerhalb der Szene ansprechen würde.[92] Viele beanspruchten ab diesem Zeitpunkt Jobs als Lehrer in Studios und machten dort den Tanz authentisch einer breiten Öffentlichkeit zugänglich. Entscheidend war außerdem, dass sie selbst Geld damit verdienten und dass sich nicht Außenstehende auf ihre Kosten bereicherten, wie zuvor zu oft geschehen (vgl. Kapitel »Attitudes«). Es war weiterhin ein erklärtes und offiziell vertretenes Ziel, gleichrangig mit anerkannten Tanzrichtungen auf einer Stufe zu stehen. Hinsichtlich der markanten Bewegungsbilder und ihrer Regelhaftigkeit wurden die Tänze der HipHop-Kultur bereits in den 1990er Jahren von HipHoppern mit Klassischem Ballett und etablierten Gesellschaftstänzen wie dem Walzer verglichen. Ich lernte *Rokafella*, *Kwikstep* und *Klown* 1997 im »Broadway Dance Center«, dem wohl renommiertesten Tanzstudio in New York, kennen. *Full Circle* ist dort seit den 1990er Jahren präsent und Mitglieder der Company stellen bis heute sicher, dass die Tänze von den eigenen Leuten korrekt weitergegeben werden. Der bekannte New Yorker Hip Hop-Tänzer und Choreograf *Buddha Stretch* von der *Elite Force Crew*[93] unterrichtet dort bereits seit 1989.

Das absolute Mekka war für mich das 1989 eröffnete »Edge Performing Arts Center« in Los Angeles. Dort unterrichteten damals zahlreiche HipHopper wie *Renee King* und *Dante Harper*, die mit ihrem tänzerischen Können, Bezügen zur HipHop-Kultur und Positionen, die sie zu Themen wie ›Biting‹, oder ›Respekt‹ vertraten, absolute Autoritäten darstellten. Mit Parolen wie »Skill has no color« waren sie Botschafter der HipHop-Messages und weckten mit Sicherheit nicht

---

92  Dazu zählen auch die Dance-Videos von Megastars wie *Michael* und *Janet Jackson*. Mich selbst inspirierten vor allem Lieder und Videos wie »Can't touch this« von *MC Hammer*, »Jump« von *Kriss Kross* und natürlich – vorbildhaft für viele HipHopperinnen – Moves von *Salt-N-Pepa*.

93  *Hip Hop* wird heute in erster Linie von der *Elite Force Crew* und da besonders von *Buddha Stretch* und *Henry Link* repräsentiert. Zu Beginn der 2000er Jahre definierten sie die Essenz des Tanzes erneut und ließen Moves wie den *Running Man* oder *Roger Rabbit* wieder aufleben, die im kommerziellen *Hip Hop* längst untergegangen waren.

nur bei mir den Wunsch, die Tänze weiter zu erlernen und mehr über den kulturellen Background zu erfahren.

Da die Saat von *Breaking*, *Popping* und *Locking* in den 1980er Jahren durch die erste große Welle flächendeckend ausgebracht war, konnte *Hip Hop* an verschiedenen Orten der Welt entstehen: in Deutschland vor allem in Jugendzentren. Leute wie *Freeze La Roc*, *James* und *Thomas* trainierten dort bereits in den 80ern, und gaben die Formen auch im offenen Training weiter. In erster Linie wurden sie von Jungen aufgegriffen, Mädchen begannen jedoch davon inspiriert ebenfalls zu tanzen. Allerdings trainierten die meisten nicht mit den Jungen gemeinsam, sondern nahmen – entsprechend des HipHop-Prinzips des ›Cut and Mix‹ (vgl. Kapitel »DJing«) – eher einzelne Moves auf und bastelten daraus Choreografien. Im Mannheimer Jugendhaus Erlenhof coachte 1989 der Freestyle-Tänzer *Ercan Elmas* eine Gruppe von fünf Mädchen. Als *The Funky Diamonds* wurden sie überregional erfolgreich und dürfen als Vorläuferinnen der zahlreichen weiblichen Hip Hop-Tanzgruppen in der Rhein-Neckar-Region gelten. Ich selbst wurde in den 1990er Jahren oft in Jugendhäuser eingeladen, um Workshops zu geben. Dort traf ich mit *Hip Hop* nicht auf Jugendliche, denen ich etwas völlig Neues beibrachte. Zusätzlich durch Tanzvideos auf MTV und VIVA angeregt und auch durch den Einfluss von Eltern oder Geschwistern, die selbst HipHop oder Funk hörten, tanzten viele Mädchen bereits *Hip Hop*. Im Jugendhaus Herzogenried begann der eigentliche Boom 1998 mit dem ersten Street Dance Contest, der ausschließlich für Mädchen und junge Frauen ausgerichtet wurde.

> *Ariane Reiter:* Ich glaube, es war zur damaligen Zeit wichtig, dass Mädchen unter sich waren. Wir wollten ihnen einen geschützten Rahmen bieten, damit sie frei tanzen konnten, ohne sich irgendwie zu schämen oder sich dissen lassen zu müssen. Also, die Gefahr bei einem gemischten Publikum ist einfach, dass so eine Abwertung dann doch mal stattfindet. Das wollten wir vermeiden. (2015)

Bei diesen ersten Wettbewerben war ich häufig in der Jury, und ich erinnere mich gut an die ausgelassene Stimmung, den Einfallsreichtum und die Experimentierfreude der Mädchen – und an das von Contest zu Contest steigende tänzerische Niveau. Seit dieser Zeit trainieren sich die Kids gegenseitig, die bislang jüngste Trainerin begann im Alter von 10 Jahren. Die Mädchen wurden so gut, dass das Jugendhaus Herzogenried 2003 die Contests auch für Jungen und Gruppen, die mit professionellen Trainern arbeiteten, öffnete.

> *Ariane Reiter:* Die Entwicklung war nicht aufzuhalten. Die Jungs wollten auch in Choreografien tanzen. Und dann haben wir die Contests offen gemacht für alle. (2015)

/// COMMERCIAL HIP HOP / VIDEO CLIP DANCING. Kinder tanzten ihre Moves gern auf eingängige Musik, die sie zum Beispiel von MTV kannten.[94] Aber auch viele Erwachsene ließen sich von den choreografisch und tänzerisch anspruchsvollen Videoclips der 1990er Jahre inspirieren oder tanzten diese sogar exakt nach. *Gionni Battista* lenkte 2003 seine Tanzkarriere in kommerzielle Bahnen und expandiert seit 2008 mit dem »GIO Dancestudio« in der Mannheimer Innenstadt. Seine tänzerischen Grundlagen bilden die Funk-Stile *Popping* und *Locking*, Hip Hop-Workshops in L. A., London und auch Ausflüge in Jazz- und Ballettunterricht komplettierten seine Ausbildung. Er liebt die Bühne, tanzt und choreografiert am liebsten Shows.

> *Gionni Battista:* Hip Hop ist wirklich eine Mischung. Ich übernehme das Movement, den Groove, eher vom Locking. Die Stärke in meinem Tanz kommt vom Popping, damit kannst du starke Akzente setzen. Hip Hop verändert sich ständig, entwickelt sich immer weiter, wird immer größer, schneller und nimmt immer detaillierter die Musik auseinander.
> *I:* Was genau verstehst du unter Commercial Hip Hop?
> *Gionni Battista:* Damit ist die Musik gemeint. Ich tanze Hip Hop mehr auf kommerzielle Musik. Die Masse will auf den Nr. 1 Hit tanzen. Wenn du ihnen darauf eine gute Choreografie bietest, triffst du den Nerv. (2015)

---

[94] Ich selbst ließ Kinder auch eher auf *New Jack Swing* tanzen oder kommerziellere Musik, wenn sie sich ein Lied besonders wünschten – allein schon wegen der »Explicit Lyrics« in vielen HipHop-Texten. Einige Hip Hop-Lehrer im »Edge Performing Arts Center« in L. A. ließen aus diesen Gründen keine Kinder unter 14 Jahren in ihre Kurse.

*Gionni Battista* gewann alleine und mit seinen Gruppen zahlreiche Preise und Titel der »UDO« (United Dance Organisations), der »German Dance Masters« (dem Vorgänger der UDO) und auch im *Video Clip Dancing* und hat mittlerweile über 200 Schüler. Firmen wie Sony fragen bei ihm an, wenn es um Veranstaltungen in Mannheim geht.

> *I:* Betrachtest du dich selbst als Mitglied der HipHop-Kultur?
> *Gionni Battista:* Ja, schon. Ich bin allerdings nicht in der Battle-Szene und trainiere meine Schüler auch nicht darauf hin.
> *I:* Was ist dir besonders wichtig?
> *Gionni Battista:* Ich will, dass die Leute sagen ›Der ist professionell – mit dem können wir arbeiten!‹ Ich möchte auch gut erreichbar sein, deshalb habe ich Räume direkt in der Innenstadt gesucht. (2015)

**///** DIFFERENZEN. *Commercial Hip Hop* oder *Video Clip Dancing*, also tanzen wie die Stars in Musikvideos, bezieht die Grundlagen der Moves aus dem *Hip Hop*. Die Musik ist jedoch in der Regel kein HipHop, sondern chartsorientiert. Im Szeneverständnis ist *Hip Hop* ein Freestyle-Tanz, der auf nicht-kommerzielle Musik, also zu echtem HipHop, getanzt wird. In den frühen 1990er Jahren wurden auch kommerzielle und choreografisch vermittelte Formen schlicht *Hip Hop* genannt, um auf den Ursprung der Moves aus der HipHop-Kultur zu verweisen und dieser alle Credits zukommen zu lassen. *Buddha Stretch* sagt dazu:

> What happens is that people think that choreography and freestyle are two separated things, like: ›This is hip hop and this is not, this is the new hip hop evolving from this and that ...‹. No. Hip Hop is when it represents the culture and you should be able to do both. [...] If you do freestyle, you should be able to do choreography as well, if you do choreography you should be able to freestyle as well, because freestyle is the way you make up choreography.[95]

---

95 www.streetdancemagazine.it/2012/11/buddha-stretch-what-i-am/?lang=en (aufgerufen am 30.12.2015).

Einen Knick erfuhr *Hip Hop* ab der zweiten Hälfte der 1990er Jahre, als die Glanzphase der tanzbaren Stücke endete (vgl. Kapitel »DJing« und »Rap/MCing«) und sich die Tänzer entscheiden mussten, auf welche Musik – und folglich in welchem Stil – sie fortan tanzen wollten. Spätestens ab dem Zeitpunkt ging die Schere immer weiter auseinander. Heute wird der choreografische Stil zu Chartsmusik als *Commercial Hip Hop* oder *Video Clip Dancing* bezeichnet und von der Freestyle-Form zu echtem HipHop, sozusagen ›dem eigentlichen *Hip Hop*‹ abgegrenzt. Dass dieser heute nicht ansatzweise so bekannt und populär ist, wie in den 1990er Jahren, liegt meiner Ansicht nach in erster Linie an der Musik: Tanz folgt der Musik und es gibt gegenwärtig keine, die *Hip Hop* absolut erfordert. Zum prägnanten, ureigenen HipHop der Mitt-80er und 1990er Jahre brauchte man diesen speziellen Tanz, um sich angemessen auszudrücken.

Ab der zweiten Hälfte der 1990er Jahre wurde für mich selbst die Musikauswahl ebenfalls knapp. Als ich 1997 in New York war, wurde ich zur Eröffnung eines HipHop-Clubs eingeladen, wo die Musik so schleppend war, dass ich vor lauter Langeweile auf Entdeckungstour durch das Gebäude ging – und dabei ein paar Stockwerke höher gelegen den House Floor entdeckte, wo die Tänzer waren. *House Dance* wurde für viele zu einer echten Alternative, und auch ich fand es für mich stimmiger darauf zu tanzen, als auf den HipHop der ausgehenden 1990er Jahre, R'n'B oder kommerzielle Musik.

### /// HOUSE DANCE

House Dance besteht vorrangig aus Schrittkombinationen, die auf die schnellen Beats gut tanzbar sind. Besonders auffällig ist ein ›continuous flow‹, das heißt, der durchgängige, im Prinzip gleichlaufende House Groove wird tänzerisch eingehalten. Ein grundlegender Unterschied zum sehr erdig ausgeführten Hip Hop ist die Bewegungstendenz nach oben. Schrittkombinationen, die in ganz ähnlicher Form im Hip Hop ausgeführt werden, sehen hier aus, als würden die Tänzer über den Boden schweben. House Dance kann elegante und grazile Bewegungen wie aus dem klassischen Ballett enthalten. Breaks oder langsame Parts in der Musik werden mit Figuren anderer Tanzarten – vorrangig Oberkörper-Movements oder auch Bodenteilen – ausgefüllt. Setzt der typische Grundbeat ein, kommen die Schrittkombinationen wieder zum

Einsatz. Bekannte House-Tänzer sind zum Beispiel Ejoe Wilson von der New Yorker Elite Force Crew und die 2015 verstorbene Marjory Smarth. ///

Die aktuelle ›Tanzmusik‹ kann man in ›elektronisch generierte‹ und ›auf Funk basierende‹ Musik unterscheiden. Elektronische Beats haben ein eher schnelles Grundtempo und inspirieren deshalb zu Tänzen, in denen Schrittfolgen und Armbewegungen dominieren. Funkbasierte Musik ist nicht ganz so schnell, so dass die Bewegungen noch von der Körpermitte ausgehen können und diese Tänze in erster Linie grooven.

/// URBANER TANZ. Um die Kategorisierung der Formen und ein gehobeneres, moderneres Niveau des nunmehr 40 Jahre kursierenden *Street Dance* zu markieren, aber auch, um sich als Freestyler von kommerziellen und choreografisch vermittelten Versionen abzugrenzen, wurde der Oberbegriff *Urbaner Tanz* eingeführt. In den *Urban Dances* werden die klassischen Tänze in ihren Originalformen vermittelt und repräsentiert. Dazu gehören die Funkstyles, also *Popping* und *Locking* sowie *Breaking* – mittlerweile in den Einzeldisziplinen *Top Rocking*, *Footwork* und *Power Moves*. Weiterhin fallen *Hip Hop*, *Latino* (Salsa, Merengue, Bachata, Samba) und *House Dance* in diese Kategorie. In Deutschland noch weniger verbreitete Tänze wie das aus der New Yorker Gay-Szene entstandene *Waacking*, der ›Model-Tanz‹ *Voguing* und das aus dem Film »Rize« von 2005 bekannte *Krumping* aus L. A., werden ebenfalls dazugezählt.

Im »Urban Dancestudio Dine« im pfälzischen Lingenfeld werden die Funkstyles, *B-Boying*, *Hip Hop*, *House* und *Latino* unterrichtet. Die ausgebildete Kindertanzpädagogin *Dance Dine* vermittelt dort den Tanz, wie sie ihn selbst als 10jähriges *B-Girl* auf dem Schulhof gelernt hat. Ihre bevorzugten Styles sind heute *Popping*, *Locking*, *Top Rocking* und *Latino*. Wenn sie Workshops mit amerikanischen Originals wie *Popin Pete*, *Suga Pop* und *Mr. Wiggles* organisiert oder auch mit aktuell angesagten Tänzern der Urbanen Szene wie den »Juste Debout«-Gewinnern *Martha* und *Batalla*, kommen Tänzer auch aus dem Ausland in ihr Studio.

*Dance Dine:* Ich brauche keine offizielle Werbung. Tänzer aus der Szene, die diese Styles wirklich interessieren, bekommen es auch so mit. Mir ist ganz wichtig, dass die Tänze in ihrer Originalform in Deutschland weiterleben. (2015)

Dies bedeutet, die Grundschritte und die Entstehungsgeschichte möglichst unverändert weiterzugeben und die Schüler zu befähigen, ihren eigenen Flow zu finden.

*Dance Dine:* Ich unterrichte die Originalform und sage den Schülern immer, dass sie ›den langen Weg‹ gehen müssen: Also, sie müssen erst im normalen Rhythmus alle Basics original lernen – und dann aber natürlich auch Effekte in der Musik mitnehmen, das gehört heute dazu. Es reicht nicht mehr aus, nur auf Eins, Zwei zu tanzen. Man füllt die Musik komplett aus, am besten mit jedem Körperteil einen anderen Part der Musik. Aber meine Schüler sollen nicht nur ›den Beat killen‹, also die Effekte in der Musik betonen, um damit Battles zu gewinnen. (2015)

Auch die Battles wurden aus der HipHop-Kultur in die Urban Dance-Szene übernommen. Für die Leiterin des Urban Dancestudios steht Wettkampf jedoch nicht so sehr im Vordergrund. Sie begreift Battles als eine Art Trainingsform, in der sie versucht, mit dem zu arbeiten, was ihr Gegner, den sie eher als Gegenüber sieht, anbietet. Ihr vorrangiges Ziel ist demnach auch nicht, die Schüler nur für Battles zu trainieren. Ihre Basis – auch für Shows – ist, Grundlagen zu vermitteln, auf denen sich die Kids eigenständig weiterentwickeln und ihre Tänzerpersönlichkeit entfalten können.

*Dance Dine:* Wir tanzen auch Shows. Aber die baue ich auch auf Freestyle auf. Die Tänzer müssen ihren Musikpart lernen, die Basics können sie ja schon. Wenn sie ihren eigenen Character haben, kann ich viel besser mit ihnen eine Show machen, als wenn ich direkt mit einer Choreografie anfange. Da kommen sie, für mich gesehen, tänzerisch nicht weiter.

*I:* Was ist aus deiner Sicht gegen den choreografischen Stil einzuwenden?
*Dance Dine:* Ich sage nicht, dass Choreografien schlecht sind, wir machen ja selbst auch welche. Aber wenn ich wochenlang auf ein bestimmtes Lied eine Choreo mache, hören die Schüler immer wieder die gleiche Musik. Und sie müssen von mir Bewegungen lernen, die ihnen eventuell nicht entsprechen. Ich denke, dass ich mit Choreos nicht das erreiche, was ich in diesem Stil erreichen möchte: nämlich, dass die Kinder für sich allein frei tanzen können. (2015)

*Urban Dances* werden zwar auch als Shows gezeigt, aber die meisten trainieren stark darauf hin, sich in Battles als Einzeltänzer zu behaupten. Um dort zu punkten ist es wichtig, möglichst viele Styles zu beherrschen. Der Mannheimer *MrQuick* räumt regelmäßig auf Wettbewerben ab und darf sich Deutscher Meister, Europameister und Weltmeister der »UDO« 2014 im *Locking* nennen. Er gewann weitere Titel bei den europäischen Meisterschaften »Funkin Styles«, »Juste Debout« und »Streetfighter« in Italien. 2013 gewann er den »Battle of the Year« in der Kategorie *Popping* und er fährt mehr oder weniger zu allen kleineren Jams und privaten Battles.[96]

*MrQuick:* Ich tanze die kompletten Urbanen Stile: Es fängt an mit Popping und Locking, dann geht's rüber zu Hip Hop und House, B-Boying, Salsa ... Man muss seinen eigenen Charakter erschaffen und darin bleiben. Das ist sehr wichtig, denn jeder bezieht sich auf die Basics, und wenn es dabei bliebe, würden alle gleich aussehen.
*I:* Woher kannst du diese ganzen Stile? Wer waren deine Lehrer?
*MrQuick:* Ich habe von Mannheimern gelernt. Wir sind alle gegenseitig unsere Trainer. Klar, die Jüngeren schauen natürlich zu den Älteren auf, aber unter den Älteren hat man Trainingspartner. Und mit den Trainingspartnern macht man sich im offenen Training stark. Also, man hat keinen Trainer, bei dem man Unterricht nimmt, die Trainer sind deine

---

96 Die Mannheimer Veranstaltung »Ghettosoul«, auf der 2014 auch die meisten Fotos zu diesem Buch entstanden, gewann *MrQuick* in den Kategorien *Popping* und *Locking*, 2015 holte er sich ebenfalls den Titel im *Locking*.

Freunde. Man guckt sich die Leute an, holt sich Tipps – und so entwickelt man seinen eigenen Style.
*I:* Aber du selbst bietest offiziellen Unterricht an?
*MrQuick:* Ja, ich biete Unterricht für Kleinere an, für diejenigen, die sagen ›Ich kann nicht so frei tanzen, ich brauche jemanden, der es mir erklärt. Der mir was zeigen kann, so dass ich ihn erstmal nachmachen kann‹. Und das mache ich seit ca. zweieinhalb Jahren. In Schulen gebe ich AGs und ich gebe auch Training auf offener Basis für die Jugendförderung Mannheim. (2015)

Contests in Jugendhäusern waren ursprünglich choreografisch geprägt und sehr kreativ ausgerichtet. Tanzgruppen dachten sich nicht nur eigene Tänze aus, sondern auch Kostüme, schnitten selbst Musik und gestalteten ihre Beiträge zu echten Mini-Showacts. Auf offiziell ausgerichteten Urban Style Battles, beispielsweise der »UDO«, wurden sie jedoch eher schlechter bewertet, weil ihnen die dort verlangte Stil-Vielfalt fehlte.

*Ariane Reiter:* Das Umdenken bei den Kindern und Jugendlichen kam durch die offiziellen Meisterschaften. Mit zunehmender Attraktivität dieser Battles wollten die Kids in Jugendhäusern ebenfalls die Urban Styles lernen, um auch dort mithalten zu können. Sie waren ja sehr erfolgreich bei Jugendhaus Contests, haben dann aber auf den offiziellen Meisterschaften gemerkt, dass sie schlechter abschneiden. Dort ist Vorgabe, dass möglichst viele Styles getanzt werden, und diese wurden bei uns nicht in diesem Maße angeboten. Da haben ganz viele Basics gefehlt. Einfach aus dem Grund, weil hier in den Jugendhäusern Freiheit in der Kreativität und der Spaß die größere Rolle gespielt haben. (2015)

Das Interesse der Jugendlichen ist groß, die Urban Styles zu lernen. Das Jugendhaus Herzogenried beschäftigt mittlerweile Trainer, die in erster Linie die Funkstyles unterrichten. Gerade im offenen Freestyle-Training besteht die Möglichkeit, sich von mehreren Coaches verschiedene Tanzstile zeigen zu lassen und sich zu entfalten. So gibt es in vielen Mannheimer Jugendhäusern

– nicht nur im Herzogenried – mittlerweile wieder wie zu B-Boy-Zeiten offene Trainingsgruppen mit bis zu 40 Teilnehmern, in denen jeder für sich an seinen eigenen Sachen arbeitet. Im Unterschied zum früheren offenen Breaking-Training werden im heutigen Freestyle-Training alle Styles von Mädchen und von Jungen gemeinsam getanzt.

*MrQuick:* Es gibt alles, Gruppen, Einzeltänzer, Duos … Wir haben eine Gemeinschaft, die nennt sich »Kinder des Mannos« – also gleichbedeutend mit Kinder Mannheims – und da sind alle Mannheimer drin, die tanzen. Wir gehen gemeinsam auf Wettbewerbe oder auf Events und supporten jeden Einzelnen, der solo mitmacht. Jeder darf bei uns mitmachen und Mannheim stark machen. Das ist unser Ziel. (2015)

Die Urbane Szene begreift sich zunächst als reine Tanzgemeinschaft. Es gibt jedoch viele Urban Dancer, die sich der HipHop-Kultur zugehörig fühlen, weil die Tänze der Kultur zu den Urban Dances zählen. Urban Dancer gelten von daher als Nachfahren der großen Tanz-Pioniere: Sie bewahren die Tänze in ihren Originalversionen, eignen sich die Entstehungsgeschichte der Formen an – und tragen häufig auch Ideen und die Geschichte der HipHop-Kultur weiter.

# Cool down

Die HipHop-Community stand bereits Ende der 1990er Jahre vor der Aufgabe, die kulturellen Inhalte zu bewahren und sie gleichzeitig nach Außen hin zu repräsentieren. 1997 hatte ich *Klown* und *Rokafella* gefragt, warum Nicht-Mitgliedern der Kultur so häufig Misstrauen entgegengebracht wird (vgl. Kapitel »Attitudes«), was sie mit einer negativen Erwartungshaltung hinsichtlich einer kulturellen Enteignung begründeten. Auch heute werden Mitglieder oder ehemalige Mitglieder der Kultur, die Inhalte zu Zwecken einer Kommerzialisierung ausverkaufen und dazu unter Umständen noch modifizieren, statt die Kultur zu repräsentieren, abgelehnt. Die erste Ausverkaufswelle in den 1980er Jahren hatte *Breaking* beinahe zum Verschwinden gebracht, und »Sell out«[97] stellt ein Gefahrenpotential dar, dem HipHopper und Urban Dancer noch heute mit Misstrauen gewappnet gegenüberstehen.

> *Rokafella:* I think now, looking back, I understand why we were so suspicious of things. There were so many things in HipHop commercialism that had happened already. And before HipHop, Jazz, Rock'n'Roll

---

[97] »Sell Out« ist ein (nicht nur) im HipHop feststehender Ausdruck und bezeichnet den (kulturellen) Ausverkauf, zumeist in Verbindung mit einer Kommerzialisierung. Er beinhaltet den Verkauf des Selbst an Außenstehende und warnt somit vor einem Verlust des Eigenen.

and many other things that were from African American descent were taken away from us. (2011)

Andererseits hätten die damaligen New Yorker Tänzer ohne die weitreichende Kommerzialisierung nie ein derartiges Forum an öffentlicher Aufmerksamkeit und Präsenz erlangt. Und es wäre auch nicht zu den nachfolgenden zahlreichen sozialen Aufstiegen und Absicherungen von Mitgliedern der HipHop-Kultur, und noch über ihren Radius hinaus, gekommen. Künstler wie *Rokafella*, die es geschafft haben, eine Existenz im HipHop aufzubauen und abzusichern, sind längst keine Einzelfälle mehr. In der Regel haben es jüngere Vertreter leichter, weil sie auf vorhandene Strukturen aufbauen können und auch HipHop und die Tanzformen nicht mehr grundsätzlich etablieren müssen. Diejenigen, die seit dem Zeitraum End-1970er bis Mitte der 1990er Jahre aktiv sind, haben den Weg der Kultur von ihren rudimentären Formen und Fragmenten über die Phase der Regelfindungen und Abschottung (oder auch Verteidigung) gegenüber Außenstehenden in irgendeiner Weise mit durchlebt und vertreten klare Positionen hinsichtlich ihrer Möglichkeiten und Grenzen.

*Rokafella:* I know how to pay my bills and represent accurately what it is that I do. I've accepted my responsibility as an adult who does HipHop, an adult who teaches HipHop and as a person who lives in two worlds: commercial and culture. Two different worlds and now that I know them, know how to work each one, I know that I have my limitations. I have my boundaries, things that I don't want and that I don't do. (2011)

Für HipHop allgemein bedeutete eine Etablierung eine unerlässliche Sicherheitsmaßnahme, um das Fortbestehen zu gewährleisten. In diesem Zusammenhang stehen bis heute die Überlieferungen der HipHop-History als Manifestierung der eigenen Geschichte und das, in den 1990er Jahren noch notwendige, Insistieren auf der Existenz von HipHop als Kultur. Die Frage ist, wie man die zwei großen Anliegen, Absicherung nach Innen und Öffnung nach Außen, miteinander verbindet. Ende der 1990er Jahre wurden konkrete Fragen diskutiert wie: Welchen Weg soll HipHop weiterhin verfolgen? Wie soll die Absicherung erfolgen und wie soll man mit grundlegenden Problemen, wie »Sell Out«, umgehen? Heute ist dieser Begriff zwar mehr oder weniger verschwunden, das Thema selbst ist aber, wie sich gezeigt hat, nach wie vor hochaktuell. Entscheidend ist, dass gewisse Grundsätze und Bestandteile der Tanzformen, die als original gelten, stabil bleiben und als unveränderlich akzeptiert werden. Hierdurch wird eine Kontinuität bestimmter Merkmale gesichert, die sowohl Insidern als auch Außenstehenden zur Identifikation der Tänze dienen. Wichtig ist, dass die eigenen Ideale nicht verraten werden und dass HipHopper die Kontrolle über das, was sie sich aufgebaut haben, behalten.

> *Rokafella:* I was able to make good on what I said. I feel that we have developed something beautiful with Full Circle Productions, our Dance Company. I was able to teach, make a film, have my music. Kwikstep is DJing at a party, so he's in charge what kind of music, what's the atmosphere. And how much people have to pay to come in. You know, we don't want to make it too expensive. So yeah. Yeah, Yeah, Yeah! (2011)

Ich habe das Gefühl, dass diejenigen, die viele ihrer Ziele – Respekt, Repräsentation der Kultur und finanzielle Absicherung – erreicht haben, eine geänderte Haltung eingenommen haben. Nicht alle »Sell Out«-Befürchtungen haben sich bestätigt.

> *Gonz:* Ich muss nicht so kommerziell sein, wie ich es früher gedacht hätte. Meine größte Angst war immer ›Werde ich mich verändern?‹ ›Werde ich zu viele Kompromisse eingehen müssen um verkaufen zu können?‹ Das Gegenteil war der Fall. (2011)

Auch im Umgang mit Begrifflichkeiten, durch die man sich ursprünglich als HipHopper abgrenzte, sind viele großzügiger geworden. Mittlerweile wird selbst der Begriff »Breakdance«, von dem man sich ursprünglich scharf distanzierte, von vielen ebenfalls gebraucht.

*I:* As you just said »Breakdance«. Is this a usual term today?
*Rokafella:* I use it. I remember hearing it when I was little. I know there is B-Boying, I know there is Floor Rocking. There are many names for it.
*I:* But you are not so specific about it? Some people do not use it because they say that it's a media term.
*Rokafella:* It is a media term, but it is a term. So I don't have any problem with it. I know that sometimes I call a move one thing, and I go to Chicago or I go to France and they call that same move something else. It's a larger community for me and it includes the media. The media is in there. (2011)

Wahrscheinlich spielt auch der zeitliche Abstand und die grundsätzliche Stabilität der Kultur eine Rolle, dass viele selbst dem alten Feind ›die Medien‹ heute gelassen gegenübertreten und sogar noch etwas Positives abgewinnen können.

*Thomas:* I have seen what youtube has done for many years. I have actually seen what happened when youtube started until now. And there has never been such a big development in dancing. One very good thing is that more people started dancing. And everybody got so much better. Because if you are looking for some information and you really want it, you will find it. (2012)

Mitglieder der Kultur legen großen Wert auf Individualität, indem bei der Selbstdarstellung das ›Eigene‹ in Abgrenzung zum ›Anderen‹ herausgehoben wird. Es hat immer noch höchste Priorität, den eigenen Namen bekannt zu machen und Fame und Respekt zu erlangen. Bestenfalls wird der Name zu einer Marke, mit der man seinen Lebensunterhalt verdienen kann. Künstlerischer Ausdruck und Entwicklung der Persönlichkeit gehen Hand in Hand, eins bedingt und befördert das andere.

*Mike:* Entwicklung ist immer da, wenn man an sich arbeitet. Ich denke, man arbeitet durch diese Kunstform an sich selbst als Mensch. Umgekehrt kannst du, wenn du in die richtige Richtung gehst, auch qualitativer deine Kunst performen. (2011)

Und so repräsentiert HipHop mit seinen Tanzformen nach wie vor das gesamte Bedeutungsspektrum vom reinen Party-Style bis zur politischen Forderung:

> *James:* Mittlerweile sind sehr viele Leute dabei, die nicht so den Durchblick haben. – Aber wir sind ja auch nicht gekommen und haben gleich gewusst, um was es geht. Es ist auch eine Entwicklungsfrage.
> *I:* Ich muss noch ein letztes Mal fragen, weil du immer sagst ›um was es geht‹. Um was geht es?
> *Freeze La Roc:* In erster Linie geht es darum: Die Kultur, unsere HipHop-Kultur. Dann geht es darum Spaß zu haben. Es geht um Competition. Es geht um Selbstdarstellung. Und es geht auch darum – um jetzt wieder auf das Soziale zu kommen – einen gewissen richtigen Weg für sich selbst zu finden. Für sein Leben. (1997)

*Rokafella* ließ schon in ihrem Aufruf, irgendwann die Battle-Ebene zu verlassen, anklingen, dass die Dimensionen der Tänze und von HipHop nicht auf die klassischen Aktionsfelder beschränkt bleiben müssen. Vielen ist das Ausmaß bewusst und sie sehen, dass das eigentliche Potential der Kultur weit über Beschäftigung und Entertainment hinaus reichen kann.

> *Gonz:* Wichtig ist, dass irgendwo auf der Welt irgendein totaler Nobody sagt: ›Weißt du was? Ich will Tänzer werden! Ich will Künstler werden. Ich will Texte schreiben oder ich will produzieren!‹ Darum geht's: ›Ich bin jemand. Ich habe Talent. Ich habe einen Wert als Mensch. Ich habe eine Stimme. Und es lohnt sich, mir zuzuhören‹. (2011)

Das echte Bedürfnis nach Veränderung, Manifestation der eigenen Identität, Kampf um Anerkennung, Provokation, Sich-den-Anderen-erklären sind Motive, die den künstlerischen Genres bis heute Energie und Überzeugungskraft verleihen. Letztlich spielt Freiheit die zentrale Rolle.

*Kwikstep:* To me the most important thing in HipHop is choice. When you have choice there are no limits. (2011)

Ich selbst sehe in dem Auftritt als Kollektiv einen entscheidenden Faktor für den Erfolg von HipHop. Als große Gruppe rückten Mitglieder der Kultur in den Fokus allgemeiner Aufmerksamkeit. Initiiert und vorangetrieben wurde dies vor allem durch *Afrika Bambaataa*, der konsequent alles befürwortete, was die Community zusammenschweißen und damit stärken konnte. Der Versuch, in den 1990er Jahren unter dem Label ›HipHop‹ eine große Gemeinschaft aufzubauen, wird heute manchmal als ›HipHop-romantische Vorstellung‹ bezeichnet. In der Tat handelte es sich um eine Vorstellung – jedoch nicht im Sinne einer realitätsfernen Verklärtheit, sondern um eine Vision, auf die sich gerade die Tänzergemeinschaft in den 1990er Jahren sehr konkret zubewegte. Als ›Kind der 1990er‹ glaube ich, dass diese Vision umgesetzt werden kann.

*Klown:* There are still people from the hood who didn't get a chance to see it yet! 'Cause remember – it faded out for a while! All these new young kids, when they see it they go ›Oh! What is that?‹ It's like I see my face in their faces when I first saw it. And I go ›Oh yeah yeah! You see that this is a new generation!‹ I'm seeing a new generation. (1997)

*Know what I mean?*

# Bildnachweise

*MrQuick*: Thorsten Dirr*
*Akanni Humphrey*: privat
*George Groove*: privat
*Storm:* Deborah Dorzile
*Danny Fresh:* Bastian Kästner, Markenwert.com
*Gionni Battista*: Ralf Mager
*Tomek Bachanowicz*: Thorsten Dirr*
*Gonz*: Thorsten Dirr*
*Mike Arthur*: Thorsten Dirr*
*Kwikstep*: Thorsten Dirr*
*Rokafella*: Miki Takashima
Bilddoppelseite 1 (erkennbar): v. l. n. r. *Sarah Meyer, Tiim-Oh (Escaflow Crew), Andy Reimer*: Thorsten Dirr*
Bilddoppelseite 2: v. l. n. r. *Gianni Esposito, Eric Edosomwan, Pierre Lafayette-Marsh, My-t Mait, Maurice Berger, Kofi Dansu*: Thorsten Dirr*
*Dance Dine*: Thorsten Dirr*
*Dorit Rode*: Tobias Koeck
*Wilpower*: privat
*Klown*: Nolan Etheridge

* Die Bilder von Thorsten Dirr wurden 2014 bei der Veranstaltung Ghettosoul6 in Mannheim aufgenommen.

artwork *Freeze La Roc*: MOOHEE
Foto *Dorit Rode*: CATOIR | RAMAHI Visual Performers

# Literaturverzeichnis

Atlanta and Alexander (1981) 1988. Wild Style: Graffiti Painting.
In Angela McRobbie (Ed.), *Zoot Suits and Second Hand Dresses:
An Anthology of Fashion and Music*. Boston: Unwin Hyman, S. 156-168.

Bader, Stasa 1992. *Worte wie Feuer: Dancehall Reggae und Raggamuffin*.
Neustadt: Buchverlag Michael Schwinn.

Berg, Manfred 2014. Civil Rights Act. Ein Traum für alle. Die Zeit Nr. 25/2014.

Carr, Tim 1983. Talk that Talk, Walk that Walk. *Rolling Stone* (5): 18-23.

Christoph, Ralph 1995. KRS-One. Gemeißelt in Stein. *SPEX* (12): 38-41.

Cross, Brian 1993. *It's not about a Salary: Rap, Race and Resistance in
Los Angeles*. New York, London: Verso.

Darnstädt, Thomas 1997. Der Ruf nach mehr Obrigkeit.
*Der SPIEGEL. Das deutsche Nachrichtenmagazin* (28): 48-61.

Davis, Mike 1994. *City of Quartz:
Ausgrabungen der Zukunft in Los Angeles und neuere Aufsätze*.
Berlin/Göttingen: Verlag der Buchläden Schwarze Risse/Rote Straße.

Dufresne, David 1992. *Yo! Rap Revolution: Geschichte, Gruppen, Bewegung.* Neustadt: Buchverlag Michael Schwinn.

Fab 5 Freddy 1995. *HipHop-Slang englisch-deutsch.* Frankfurt a.M.: Eichborn.

Fernando jr., S.H. 1994. *The New Beats: Exploring the Music, Culture and Attitudes of Hip-Hop.* Doubleday, New York: Anchor Books.

Freisberg, Lars 1994. Public Enemy: Der Feind im eigenen Kopf. *SPEX* (9): 32-35.

Gassen, Richard W. 1987. New York Graffiti. *Katalog zur Ausstellung im Wilhelm-Hack-Museum Ludwigshafen/Rhein vom 17.09. – 25.10.1987.* Heidelberg: Brausdruck GmbH.

Graf, Herbert 1994. *Black American English: A Glossary.* Straelen: Straelener Manuskripte Verlags-GmbH.

Hegmanns, Dirk 1993. *Capoeira – Die Kultur des Widerstandes.* Stuttgart: Schmetterling Verlag.

Hielscher, Hans 1996. Riss im Herzen. Der neue Trend zur Rassentrennung. *SPIEGEL special USA* (2): 35-38.

Hielscher, Hans 1997. Blutspur aus dem Ghetto. *SPIEGEL special Kalifornien* (8): 62-64.

Hinds, Selvin Seyfu 1996. Vanishing Wheels. *The Source. The Magazine of Hip-Hop Music, Culture & Politics* (77): 67-69.

Hüetlin, Thomas und Matussek, Matthias 1994. »Arbeiten wie James Bond«: Chuck D. über Gangsta-Rap, Turnschuhe und Maschinengewehre. *SPIEGEL Spezial Pop & Politik* (2): 55-59.

Ice-T mit Heidi Siegmund 1995. *Who gives a Fuck?*. München: Knaur.

Jacob, Günther 1988. Krieg der Rassen. *SPEX* (8): 35-37, 65.

Jacob, Günther 1992a. Up-date. In: David Dufresne, *Yo! Rap Revolution: Geschichte, Gruppen, Bewegung.* Neustadt: Buchverlag Michael Schwinn, S. 164-210.

Jacob, Günther 1992b. Zur Aktualität von Malcolm X. In Malcolm X, *Malcolm X. Die Autobiographie.* Bremen: Agipa Press/Verlag Jürgen Heiser, Berlin: Harald-Kater-Verlag, S. 476-500.

Jacob, Günther 1992c. Burn, Hollywood, Burn! *SPEX* (6): 78-79.

Jacob, Günther 1993. *Agit-Pop: Schwarze Musik und weiße Hörer. Texte zu Rassismus und Nationalismus, HipHop und Raggamuffin.* Berlin-Amsterdam: Edition ID-Archiv.

Karrer, Wolfgang & Kerkhoff, Ingrid (Hg.) 1995: *Rap.* Berlin-Hamburg: Argument-Verlag.

Kleffner, Heike 1990. Drogenkrieg gegen Schwarze. *KONKRET* (9): 48-52.

Kreye, Andrian 1994. »Brenn, Hollywood, brenn!« *SPIEGEL Spezial Pop & Politik* (2): 50-54.

Malcolm X (1965) 1992. *Malcolm X. Die Autobiographie.* Bremen: Agipa-Press/Verlag Jürgen Heiser & Berlin: Harald-Kater-Verlag.

Matussek, Matthias 1994. »Das sind eure Helden«. *Der SPIEGEL. Das deutsche Nachrichtenmagazin* (24): 158-168.

Merten, Ralf 1993. *HipHop: Geschichte, Wurzeln und Gegenwart.*
Diplomarbeit, Fachhochschule Heidelberg, Fachbereich Musiktherapie.
Heidelberg: unveröffentlicht.

Neffe, Jürgen 1997. Verfolgen, verhaften, einsperren.
*Der SPIEGEL. Das deutsche Nachrichtenmagazin* (29): 126-135.

Noel, Peter 1996. One Nation? *VIBE* 4 (1): 70-73.

Okumura, Kozo: Breaking: *B-Boying (Breaking).*
http://www.msu.edu/user/okumurak/styles/breaking.html
aufgerufen am 01.04.98

Ossi, Rapneck und Moondust, Ziggie 1984. *HipHop: Rap, Graffiti, Scratching, Break-Dance.* Bergisch Gladbach: Gustav Lübbe.

Pose II 1996. Confessions of a Graffiti Junkie.
*The Source. The Magazine of Hip-Hop Music, Culture & Politics* (77): 70-72.

Rode, Dorit 2002. *Breaking. Popping. Locking. Tanzformen der HipHop-Kultur.*
Marburg: Tectum Verlag.

Rosenwald, Peter J. 1984: Breaking Away '80s Style.
*Dance Magazine* (58): 70-75.

Salaam, Kalamu ya 1995. Von der Rap Revolution profitieren.
In Wolfgang Karrer & Ingrid Kerkhoff (Hg.), *Rap.*
Berlin-Hamburg: Argument-Verlag, S. 11-20.

Schecter, Jon 1992. »Ich bin nicht Ghandi«. *SPEX* (6): 34-37.

Smitherman, Geneva 1994. *Black Talk: Words and Phrases from the Hood to the Amen Corner.* Boston-New York: Houghton Mifflin Company.

Stanley, Lawrence A. (Ed.) 1992. *Rap: The Lyrics. The Words to Rap's Greatest Hits*. Harmondsworth-Middlesex, England: Penguin Books Ltd.

Strange, Adario 1996. Battle Cry. *The Source. The Magazine of Hip-Hop Music, Culture & Politics* (77): 64-66.

Toop, David 1992. *Rap Attack: African Jive bis Global HipHop*. St. Andrä-Wörndern: Hannibal Verlag.

van Treeck/Todt 1995. *Hall of Fame: Graffiti in Deutschland*. Moers: Edition Aragon.

Verán, Cristina 1996. These are the Breaks. *VIBE* 4 (1): 64-67.

Weingartner, Katharina 1993a. Dr. Dre & Snoop Doggy Dog: Exil in Chocolate City. *SPEX* (10): 22-25.

Weingartner, Katharina 1993b. South Central Crips: »Die Bullen haben mit allem angefangen«. *SPEX* (10): 25-27.

Widmann, Carlos 1995. Der Armen überdrüssig. *Der SPIEGEL. Das Deutsche Nachrichtenmagazin* (46): 168-178.

Woernle, Peter 1998: Täter-Opfer-Ausgleich in Ludwigshafen: Sprayer beseitigen ihre Schmierereien selbst. *Das Journal t5*: 20.